# 臺灣歷史與文化 研究輯刊

## 十五編

### 第 2 冊

## 日據時期台灣共產黨歷史再研究（下）

宋幫強 著

花木蘭文化事業有限公司

國家圖書館出版品預行編目資料

日據時期台灣共產黨歷史再研究（下）／宋幫強 著 — 初版 —
新北市：花木蘭文化事業有限公司，2019〔民108〕
目 4+166 面；19×26 公分
（臺灣歷史與文化研究輯刊十五編；第 2 冊）
ISBN 978-986-485-604-6（精裝）
1. 共產黨 2. 日據時期 3. 臺灣
733.08                                           108000341

ISBN-978-986-485-604-6

**臺灣歷史與文化研究輯刊**
十五編　第二冊　　　　　　ISBN：978-986-485-604-6

# 日據時期台灣共產黨歷史再研究（下）

作　　者　宋幫強
總 編 輯　杜潔祥
副總編輯　楊嘉樂
編　　輯　許郁翎、王筑　美術編輯　陳逸婷
出　　版　花木蘭文化事業有限公司
發 行 人　高小娟
聯絡地址　235 新北市中和區中安街七二號十三樓
　　　　　電話：02-2923-1455 ／傳眞：02-2923-1452
網　　址　http://www.huamulan.tw 信箱 hml810518@gmail.com
印　　刷　普羅文化出版廣告事業
初　　版　2019 年 3 月
全書字數　250585 字
定　　價　十五編 25 冊（精裝）台幣 60,000 元　　　版權所有·請勿翻印

# 日據時期台灣共產黨歷史再研究（下）

宋幫強　著

目次

# 第五章　台灣共產黨與日本共產黨、中國共產黨、共產國際的關係

　　日據時期，臺共的起落跌宕與日共、中共、共產國際之間有著難解難分的關係。對於臺共與日共、中共、共產國際之間的關係，曾任臺共第二屆中央委員兼宣傳部長的蘇新在 1981 年所寫的《台灣共產黨的歷史》一文中作了很好的說明：

　　「第一，它成立時，是作爲日共的一個『民族支部』(叫『台灣民族支部』)，組織上 (名義上) 屬於日共，但是，日共從來就沒有有效地領導過它。第二，它成立後，由於日共遭到大破壞 (一九二八年三月十五日及一九二九年四月十六日，分別叫做『三‧一五事件』和『四‧一六事件』)，臺共與日共的關係被切斷，因此，臺共的領導機構，不得不通過臺胞的中共黨員 (翁澤生等)，求助於中共中央。因此，臺共雖然與中共沒有組織關係，但是，思想上、政治上，比較多地得到中共中央很大的領導。第三，一九三一年二月間，第三國際東方局派人到台灣，召開台灣共產黨第二次代表大會，之後，臺共就名義上成爲第三國際的一個獨立的支部，但是，實際上是通過中共中央，接受東方局的領導的，因爲當時中共中央的主要領導人是瞿秋白，第三國際東方局負責人也是瞿秋白。總之，台灣共產黨，成立時是日共的一個『民族支部』，第二次代表大會以後，成爲第三國際的一個獨立支部，但是，思想上、政治上受中共的影響較大。」〔註 1〕

---

〔註 1〕蘇新：《未歸的臺共鬥魂》，臺北：時報文化出版企業有限公司 1993 年版，第128～129 頁。

　　雖然蘇新對臺共與它們之間的關係作了概括，但是他並沒有對臺共與它們之間的關係作詳細的論述。為了使人們對臺共與它們之間的關係有更清楚的認識，本章擬就臺共與日共、中共、共產國際之間的關係作一詳細的論述。

## 第一節　台灣共產黨與日本共產黨的關係

　　雖然臺共成立之初，是作為日共的一個民族支部，在組織上接受日共的領導，但是日共在日警的鎮壓下，使得它對臺共的工作指導非常有限。從日共指導臺共的角度來看，臺共與日共的關係可以劃分為兩個階段：臺共前期，日共時斷時續地對臺共的工作進行指導；臺共中、後期，日共對臺共的工作指導基本中斷。筆者擬就這兩個階段為線索，探討臺共與日共的關係。

### 一、在日警的鎮壓下，日本共產黨對台灣共產黨指導的不充分
（1927 年 11 月～1929 年 4 月）

　　雖然臺共作為日共的民族支部，在組織上應該接受日共的指導，但是，在日警的高壓下，日共從一開始對臺共的指導就不充分。臺共建黨前夕，當謝雪紅和林木順抵達東京，想從日共那裡聽取有關臺共成立的建議時，日共當時正為即將於 1928 年 2 月舉行的議會選舉工作而忙碌，他們只取回臺共建黨的兩項大綱草案。隨後，日共又遭遇「三・一五大檢舉」，日共中央幹部多遭逮捕，組織陷於瓦解，以致臺共與日共的聯絡管道暫時中斷。同年 10 月，日共中央委員長渡邊政之輔帶著資金與指令，秘密抵達基隆港，準備與臺共取得聯繫，卻在碼頭引起日警的注意及盤查，渡邊政之輔試圖逃跑，射殺了一名警察，因無法突圍，最後舉槍自盡。〔註2〕渡邊的犧牲，不僅是日共的一大損失，而且對剛剛成立即遭重創的臺共組織也失去了一次重要的接受日共中央指導的機會。

　　臺共在上海建黨時，曾經做出「要建立由陳來旺負責的臺共東京特別支部」的決定，以加強臺共與日共的聯繫。1928 年 4 月 23 日，陳來旺返回東京後，立即同在東京的台灣共產主義者聯繫，為建立臺共東京特別支部作準備。經過一段時間的籌備，1928 年 9 月 23 日，由陳來旺、林添進、林兌三人組成

〔註2〕 「台灣總督府警務局」：《台灣社會運動史——共產主義運動》，《台灣共產黨的更生運動》，臺北：創造出版社 1989 年版，第 108～109 頁。

的臺共東京特別支部正式成立，陳來旺任該組織負責人。當臺共東京特別支部成立後，日共通過陳來旺對臺共的指導就變得具體而明確。一方面，陳來旺與台灣島內的臺共黨員保持聯繫，將收到關於臺共的各種報告與消息傳達給日共中央。另一方面，日共中央則通過他向臺共下達指示，並交給他關於臺共的各種重要文件以及日共機關報紙《赤旗》，然後，再把其轉達給島內臺共黨員。〔註3〕

　　1928 年 11 月，當日共中央得知臺共處於渙散無力的狀態時，為了推動臺共工作的開展，它立刻對臺共作了相應的重要指示：第一，將謝雪紅補為中央委員；第二，開除機會主義的逃跑者蔡孝乾、洪朝宗、潘欽信、謝玉葉等四人的臺共黨籍；第三，將楊克培、楊春松吸收為黨員；第四，對臺共中央委員的工作進行了分工：林日高任書記長兼組織部長，莊春火任勞動運動部長兼宣傳部長，謝雪紅負責林日高、莊春火以外的工作。〔註4〕

　　這樣，日共通過臺共東京特別支部對臺共中央進行了短暫而有效地指導。然而，好景不長，1929 年 4 月 16 日，不僅日共又遭遇一次大規模的逮捕（史稱「四一六事件」），組織再次瓦解。更為糟糕的是日警在搜查到的日共黨員名單上發現了 3 名台灣人，於是，日警立即發動對由台灣人組成的左翼團體「東京台灣學術研究會」的搜查，逮捕會員 43 人，從中查出並逮捕了這 3 名臺共黨員即是臺共東京特別支部成員陳來旺、林添進、林兌，於是，剛成立六個月的「臺共東京特別支部」也遭到日警徹底地摧毀。1929 年 6 月 16 日，日共駐共產國際東方局代表佐野學在上海也遭逮捕。這樣，對於台灣共產黨比較熟悉的日共幹部均已被捕，臺共與日共的聯繫完全中斷。這種狀況就迫使臺共轉而尋求共產國際東方局和中共的指導與支持。

## 二、日本共產黨對台灣共產黨僅有的一次指導（1929 年 4 月～1932 年 4 月）

　　「四‧一六事件」之後，由於臺共恢復與日共的聯繫非常困難，所以臺共轉而通過翁澤生來尋求共產國際東方局和中共的指導。1930 年 12 月，臺共

---

〔註3〕　台灣總督府警務局：《台灣社會運動史——共產主義運動》，臺北：創造出版社 1989 年版，第 102 頁。
〔註4〕　「台灣總督府警務局」：《台灣社會運動史——共產主義運動》，《台灣共產黨東京特別支部的組成》，臺北：創造出版社 1989 年版，第 107 頁。

與共產國際東方局取得聯繫後，便一直在共產國際東方局的領導下開展工作，直到滅亡。1931 年 6 月，根據共產國際指示，臺共二大作出重要決定：將臺共由日共台灣民族支部改爲共產國際的一個直屬支部，直接受共產國際東方局領導。然而，在共產國際東方局錯誤指導下，臺共內部圍繞著是否執行共產國際的指示而展開了激烈的鬥爭，結果，以王萬得爲首的改革同盟取得了臺共的領導權，而謝雪紅等人被開除出黨。

遭到除名的謝雪紅，不甘示弱，於 6 月初派劉纘周前往日本，託他帶去報告書給日共中央，並請求日共中央對臺共工作進行指導。該報告書具體內容如下：「一、報告改革同盟一派的陰謀眞相，請求日共中央的批判及指令。二、爲實行黨的全面整理，要求日共中央派遣代表。若不可能，則由台灣派遣正式代表。三、臺共原以日共的民族支部成立，聯絡斷絕以後乃缺少明顯的關係。因此，請明示其關係。四、共產國際東方局是否知悉改革同盟的陰謀，請日共中央予以調查。五、改革同盟一派宣傳共產國際東方局曾致送臺共三千圓，有無此項事實，倘若確有此事，傾照會受領者的姓名、交付場所及時間。六、請批判對文化協會解消論的是非。」〔註 5〕

1931 年 6 月 26 日，劉纘周到達日本神戶後，立即與日共中央的聯絡員白川某、中村某取得聯繫，並將謝雪紅的報告書交給他們。7 月上旬，日共中央針對謝雪紅提出的問題，作出了相應的回答：「一、對改革同盟一派的批判。改革同盟一派未通過黨的正式機關向黨員策動而另行結成改革同盟，實是重大的錯誤。如干部犯了機會主義的謬誤應召集大會解決。二、對台灣文化協會的意見。台灣文化協會只要不反動就不必要解消，現在台灣如尚未有反帝同盟、救援會等團體，則有續存的必要。三、改革同盟一派的行動與國際的態度。此次分派鬥爭，對於台灣黨是重大問題，所以無法即刻回答，向國際東方局照會獲致回答後再通告。國際東方局沒有理由做如此錯誤的指導。」〔註 6〕

然而，此時日警對臺共已採取了大搜捕行動，大多數臺共黨員已遭逮捕。尚未被捕的臺共黨員楊克煌立即寫信，將臺共黨組織遭破壞的消息告訴劉纘周，請日共指導臺共下一步的工作。於是，劉纘周將這一發生的新情況

---

〔註 5〕 「台灣總督府警務局」：《台灣社會運動史——共產主義運動》，《台灣共產黨的檢舉與再建運動》，臺北：創造出版社 1989 年版，第 198〜199 頁。

〔註 6〕 「台灣總督府警務局」：《台灣社會運動史——共產主義運動》，《台灣共產黨的檢舉與再建運動》，臺北：創造出版社 1989 年版，第 199 頁。

向日共中央委員山本懸藏報告，山本懸藏馬上向劉纘周下達了重建臺共的指示。他說：「既然大部分黨員被捕了，黨組織分裂的問題暫擱下來，待以後有機會再解決；當前臺共黨的緊急任務是黨組織的重建。」〔註7〕1931 年 8 月 16 日，劉纘周返臺後，立即聯繫廖瑞發、張欄梅等尚未被捕的同志，展開了艱苦的臺共黨組織的重建工作。然而，在敵人瘋狂鎮壓中，劉纘周也在同年底和其他同志一起被捕了，臺共再建工作終告失敗。〔註8〕

## 第二節 台灣共產黨與中國共產黨的關係

臺共從 1928 年 4 月成立到 1932 年 4 月瓦解，歷時約 4 年時間，臺共的起落跌宕與中共有著難解難分的關係，其成立、活動、發展、失敗，直至演變，均受到中共的指導和影響。雖然日據時期臺共存在的時間很短，但如果從臺共主要成員的鬥爭及與中共的關係來看，則要延續到台灣光復後，台灣民主自治同盟的建立。從歷史發展的角度看，臺共與中共的關係大致可劃分為三個階段：臺共的建立與中共的推動作用；臺共革命鬥爭與中共的指導和影響；舊臺共主要人員的演變，回歸中共及臺盟的建立。本文擬就這三個階段為線索，探討臺共與中共在特定的歷史時期，其關係的發展和演化。

### 一、台灣共產黨的建立與中國共產黨的推動作用

#### （一）在上海大學注意吸收台灣進步青年入學，把他們培養成馬克思主義者

日據時期，由於日本殖民者在台灣實行民族歧視的差別教育制度，使得台灣青年很難接受高等教育，因此，20 世紀 20 年代前後，大批台灣進步青年紛紛前往祖國大陸求學。在祖國大陸「五四」運動和國共合作的大革命影響下，他們當中有的人，在中共的培養下成長為馬克思主義者，進而為臺共的建立準備了幹部力量。

臺共建黨的主要成員，大部分都與上海大學有著深厚的淵源關係。上海

〔註7〕楊克煌遺稿，楊翠華整理：《我的回憶》，臺北：楊翠華出版 2005 年版，第 132 頁。

〔註8〕楊克煌遺稿，楊翠華整理：《我的回憶》，臺北：楊翠華出版 2005 年版，第 161 頁。

大學是國共合作的產物，也是培養革命人才的搖籃。1922 年 10 月，由國共兩黨合辦的上海大學成立後，中共非常重視上海大學的教學，曾派出黨的早期領導者鄧中夏擔任學校總務長職務，瞿秋白任該校社會學系主任。中共諸多理論精英，如蔡和森、惲代英、張太雷、蕭楚女、李漢俊、任弼時等人都先後到上海大學任教。〔註9〕瞿秋白等人主講的課程，闡述革命的基本理論，切入中國社會實際，啓發、教育了一批台灣進步青年，許多人接受了馬列主義而走上革命道路。

為推動台灣反日革命運動的發展，以陳獨秀、瞿秋白為代表的中共早期領導者開始注意吸收台灣優秀青年到上海大學學習，以期把他們培養成馬克思主義者，待將來時機成熟時為台灣創建黨組織作好人才準備。諸多史料記載，不容置疑地讓我們瞭解到中共在這方面所邁出的步伐和所取得的成績。據史料記載：「1923 至 1924 年，（許乃昌）是上海大學社會學科的大學生。1923年 9 月，加入中國共產主義青年團，該年 11 月加入中國共產黨。」〔註10〕「許乃昌在上海大學結識了陳獨秀，經陳獨秀推薦，他於 1924 年 8 月前往莫斯科學習。」〔註11〕「1925 年初，為了追求真理，翁澤生到上海大學讀書。……翁澤生在上海大學社會系就學，較系統地學習了《社會哲學概論》、《唯物史觀》及《現代民族問題講案》等十幾門馬克思主義理論課程，還閱讀了《共產黨宣言》、《嚮導》等書刊，在思想認識上得到很大的提高，從理論上弄懂了許多問題，從而確立了共產主義世界觀。……翁澤生在『上大』讀書時，鬥爭很堅決，又善於團結和幫助同志，瞿秋白『很喜歡他』。就在這一年，他光榮地加入了中國共產黨。1926 年秋，葉綠雲（即謝玉葉，翁澤生的夫人）經翁澤生介紹，在『上大』也加入中國共產黨，並改名為謝志堅」。〔註12〕奴婢出身的謝氏阿女（後改名謝飛英、謝雪紅）衝破重重阻力投奔祖國大陸，參加革命，也在中共的引導下進入上大。謝雪紅說：「黃中美又來找我，告訴我，黨要我進上海大學。我吃了一驚，對他說，我沒有半點文化

---

〔註9〕 黃美真、石源華、張云：《上海大學史料》，上海：復旦大學出版社 1984 年版，第 45～46 頁。

〔註10〕 〔俄〕郭傑、白安娜：《台灣共產主義運動與共產國際（1924～1932）研究·檔案》，臺北：中央研究院台灣史研究所 2010 年版，第 54 頁。

〔註11〕 張炎憲、翁佳音編，王詩琅譯：《台灣社會運動史——文化運動》，臺北：稻鄉出版社 1988 年版，第 324 頁。

〔註12〕 中共黨史人物研究會：《中共黨史人物傳》第 27 卷，西安：陝西人民出版社 1986 年版，第 144～145 頁。

怎能進大學。……他對我說：『黨正是要培養像你這樣窮苦人出身、文化很低的黨員』。……我同意了就去考試，……投考上海大學當初，我的志願只是想考社會科的旁聽生，但報紙上發表錄取名單時，竟然『謝飛英』三個大字堂堂上榜了，我自己心裏有數，這完全是我按黨的指示去做了工作的緣故，……於是，我正式進入上海大學社會科學習了。……他幫助我提高對共產黨的認識，鼓毅我爭取入黨，並向我瞭解我的家庭、出身和經歷等。同年八月間，黃中美到閘北我的住處，向我宣佈我已被批准加入中國共產黨，介紹人就是他。」〔註13〕除了許乃昌、翁澤生、葉綠雲、謝雪紅之外，還有其他的有志台灣青年在中共的幫助下，先後進入上海大學學習和加入中共黨組織。對此，謝雪紅回憶道：「同時和我一起考進上大的台灣青年還有林木順、陳其昌，此外，進該校附中的還有林仲梓、林仲楓、陳水等」。〔註14〕「我離開上海大學後，1926年初蔡孝乾（彰化人）、莊泗川（嘉義人）等進入上大；……林木順、林仲梓（中學部）當時都已入黨；陳其昌（大學部）也是黨員，黨在考慮派遣人去留學的名單上也有他」。〔註15〕

　　據上述資料所披露的情況統計，上海大學（創辦時間為1922年10月，至1927年5月被國民黨查封）在不到5年的辦學時間裏，先後入學的就有許乃昌（彰化人）、翁澤生（臺北人）、謝雪紅（彰化人）、林木順（臺中人）、蔡孝乾（彰化人，後叛變）、陳其昌（基隆人）以及林仲梓、林仲楓、陳水等台灣學生。他們在上海大學一邊學習革命理論，一邊參加當地黨組織和學校組織的各種革命活動，像翁澤生、謝雪紅、林木順、陳其昌等人還經受了轟轟烈烈的「五卅」運動洗禮，並在運動的後期加入了中共黨組織。

## （二）選派優秀的臺籍革命者到莫斯科東方大學深造

　　為了更好地培養台灣共產主義者，中共先後挑選優秀的臺籍革命者赴蘇聯莫斯科東方大學深造。據有關史料記載，前後共有四批台灣革命者被選送到莫斯科東方大學學習。第一批是許乃昌和謝清廉。許乃昌到東方大學學習時間是在1924年10月，學習結束後他到日本東京的台灣留學生中組織「社

〔註13〕謝雪紅口述、楊克煌筆錄：《我的半生記》，臺北：楊翠華出版1997年版，第174～176頁。

〔註14〕謝雪紅口述、楊克煌筆錄：《我的半生記》，臺北：楊翠華出版1997年版，第176頁。

〔註15〕謝雪紅口述、楊克煌筆錄：《我的半生記》，臺北：楊翠華出版1997年版，第182～183頁。

會科學讀書會」，宣傳共產主義，培養台灣革命人才。〔註16〕陳來旺、蘇新、蕭來福和莊守等台灣共產黨的領導骨幹都是該會成員。在北京讀書的彰化人謝廉清則比許乃昌晚5個月到莫斯科，他學習結束後，「奔走於北京、上海、漳州、廈門和廣東等地，努力糾合並組織左傾台灣學生青年，配合當時支那共產主義思想的高潮，使得在支那的台灣青年學生運動，由原來的民族主義傾向，一變而爲共產主義革命運動。尤其是上海，在旅滬台灣同鄉會名義下促使左傾學生組織化的蔡孝乾、陳炎田等與謝廉清共同組織『赤星會』，發行機關報《赤星》，進行共產主義之研究與宣傳。」〔註17〕第二批是謝雪紅、林木順和林仲梓，時間是1925年12月。謝雪紅在後來的回憶錄中說：「1925年10月間，黃中美同時向我、林木順和林仲梓三人宣佈：黨命令我們赴蘇聯莫斯科東方大學學習」。〔註18〕「我們終於離開上海前往莫斯科；時間是1925年11月20日左右的一個下午。」〔註19〕「在1925年12月18日，我們的火車終於抵達莫斯科站。東方大學中國共產黨的『旅莫支部』已經派人來車站接我們了」。〔註20〕第三批是趙清雲和趙從錫〔註21〕，時間是1929年。趙清雲在《我的自傳》中說：「1928年6月，我在上海加入中國共產主義青年團，⋯⋯1929年5月，我們的小組選拔我作爲派遣到莫斯科的人選。⋯⋯1929年9月，我進入東方大學的一年級，第二年轉入短期訓練班。1931年從東方大學畢業。」〔註22〕第四批是陳幸西（彰化人）等人，「時間大概在抗戰中」〔註23〕。

　　其中，在莫斯科東方大學學習期間，臺共創始人謝雪紅還受到中共早期領導人向警予很大的幫助。據謝雪紅回憶：「我在學的兩年間，只同三個中國

〔註16〕「台灣總督府警務局」：《台灣社會運動史——共產主義運動》，臺北：創造出版社1989年版，第3頁。
〔註17〕「台灣總督府警務局」：《台灣社會運動史——共產主義運動》，臺北：創造出版社1989年版，第3頁。
〔註18〕謝雪紅口述、楊克煌筆錄：《我的半生記》，臺北：楊翠華出版1997年版，第183頁。
〔註19〕謝雪紅口述、楊克煌筆錄：《我的半生記》，臺北：楊翠華出版1997年版，第187頁。
〔註20〕謝雪紅口述、楊克煌筆錄：《我的半生記》，臺北：楊翠華出版1997年版，第193頁。
〔註21〕俄羅斯國立社會政治史檔案館／全宗495／目錄280／案卷230，第5頁。
〔註22〕俄羅斯國立社會政治史檔案館／全宗495／目錄280／案卷231，第17～18頁。
〔註23〕謝雪紅口述、楊克煌筆錄：《我的半生記》，臺北：楊翠華出版1997年版，第208頁。

同學同過房，其中同向警予一起住的時間最長，同她也比較要好。……向警予和我同一房時，她對我的幫助很大，我們兩人躺在床上，她常講了很多道理給我聽。記得，她說過在資本主義社會，人同人的關係都是金錢的關係，不管是父子、兄弟等關係都是如此。因此，人的一切思想和感情都受物質經濟利害關係支配，也隨著物質的變化而變化」〔註24〕。

### （三）組織臺籍青年成立各種進步社團，開展共產主義活動

　　由於臺籍中共黨員翁澤生在上海的台灣學生中有較大的親和力和號召力，因此，中共交給他的一項特殊而重要任務是：團結組織在滬台灣青年學生，引導他們學習革命理論，參加革命實踐，為成立台灣黨組織準備人才。在翁澤生、洪朝宗、蔡孝乾等人的積極活動下，上海台灣學生聯合會於 1925 年 2 月 20 日在上海法租界的南光中學成立，參加成立大會的台灣學生有一百多人。此後，「上海台灣學生聯合會便在臺籍中共黨員翁澤生的領導下，隨著祖國學生運動的興衰，或向前發展，或停滯沈寂，並隨著運動的進程逐漸加深其共產主義思想傾向，為台灣本島的共產主義運動鋪路。」〔註25〕。值得注意的是，即使在「四・一二」反革命政變之後上海大學已被查封，國民黨反動派到處殺害共產黨人那樣極為險惡的環境下，翁澤生仍然「按中央的指示，秘密聯絡一批在滬的臺籍學生，在寶興路成立『台灣青年讀書會』，指導他們學習馬列主義，研究社會科學，併發展臺籍青年張茂良等積極分子入黨。」〔註26〕在翁澤生的影響下，許多台灣革命青年也紛紛加入中共黨組織。據謝雪紅回憶：「曾加入中共的台灣青年——當時在臺的有：林大漢（即林日高，臺北板橋人）、洪朝宗（臺北市人）、莊春火（基隆人）、蔡孝乾（即後來的蔡乾，彰化人，上大派）、李曉芳（嘉義人，上大派）、莊泗川（嘉義人，上大派）等；在廈門的有潘欽信（臺北人）等」。〔註27〕他所接受黨中央交給的這一特殊使命和任務無疑正是我們黨深切關注和堅持指導台灣革命的具體體現。上述一大批台灣青年被我們黨注意培養的事實，連當時的日

---

〔註24〕謝雪紅口述、楊克煌筆錄：《我的半生記》，臺北：楊翠華出版 1997 年版，第196 頁。

〔註25〕藍博洲：《日據時期台灣學生運動》，臺北：時報文化出版企業有限公司 1993 年版，第 164 頁。

〔註26〕葉綠雲：《葉綠雲自傳》，1956 年 1 月 10 日，存上海檔案館。

〔註27〕謝雪紅口述、楊克煌筆錄：《我的半生記》，臺北：楊翠華出版 1997 年版，第230 頁。

本台灣總督府也這樣認為：「無可否認，他們被賦予指導台灣共產主義運動之使命」。〔註28〕

中共的這一思想和實踐產生了預期的結果：一大批台灣青年成為台灣革命運動的積極分子和領導骨幹，其中翁澤生、謝雪紅、林木順、潘欽信（臺北人）、洪朝宗、謝玉葉、蔡孝乾等人成為臺共創建者和領導者（其中大多數是上海大學培養出來的）。而翁澤生和謝雪紅則是臺共黨組織的中堅人物。

### （四）全力以赴、認真周詳指導臺共成立大會

在臺共成立前夕，由於日共忙於國內選舉而無暇顧及臺共的成立大會，因此，日共委託中共「援助及指導」臺共成立的一切事宜。既然指導臺共成立的任務落到了中共肩上，中共也就義不容辭、盡心盡責地挑起這副擔子。中共所做的工作主要如下：

第一，中共派臺籍中共黨員加入臺共，充實其組織。臺籍中共黨員林日高、洪朝宗、蔡孝乾、李曉芳、莊春火、潘欽信等人〔註29〕，在中共的指示下，紛紛加入臺共黨組織。在臺共成立大會上選出的中央機構，10 人中有 9 名是中共黨員，他們是林木順（中央常委、組織部長）、林日高（中央常委、婦女部長）、蔡孝乾（中央常委、宣傳部長）、莊春火（中央委員、青年部長）、洪朝宗（中央委員、農民部長）、翁澤生（候補中央委員、駐上海中共聯絡員）、謝雪紅（候補中央委員、駐東京日共聯絡員）、潘欽信和謝玉葉（負責台灣黨務工作）。〔註30〕

第二，中共為臺共的創立給予各種幫助。1927 年 11 月，林木順與謝雪紅回到上海後，中共為臺共的創立給予各種幫助。據臺共創建者謝雪紅說：「林木順赴日後，於 1927 年 11 月下旬打電報回上海，說日共中央一定要我赴日；我即向中國黨彙報，準備去日本了。」「記得到日本的船票是組織——中國黨——替我買的。」〔註31〕「不久，我再和中國黨取得聯繫，他們給了我一些

---

〔註28〕 「台灣總督府警務局」：《台灣社會運動史——共產主義運動》，臺北：創造出版社 1989 年版，第 3 頁。

〔註29〕 謝雪紅口述、楊克煌筆錄：《我的半生記》，臺北：楊翠華出版 1997 年版，第 230 頁。

〔註30〕 謝雪紅口述、楊克煌筆錄：《我的半生記》，臺北：楊翠華出版 1997 年版，第 230 頁。

〔註31〕 謝雪紅口述、楊克煌筆錄：《我的半生記》，臺北：楊翠華出版 1997 年版，第 232 頁。

秘密刊物。」〔註32〕「我們搬來法租界後，爲保存黨（即臺共）的文件另租一間小房間，並由中國黨介紹叫來一個剛生產過後的女工住在那裡，又由林木順假裝是她的丈夫——先施公司的職工——到那裡出入，攜帶文件去保存。」〔註33〕

第三，中共派出代表指導臺共成立相關事宜。中共接到共產國際和日共中央要中共負責指導臺共成立大會的任務後，就立刻定好人選，並馬上到位指導，這個代表中共中央的人就是「彭榮」。台灣總督府《警察沿革志》記載了這一情況：「昭和三年（1928年）4月13日，根據中國共產黨代表之提議，並爲了對組黨準備會提總決算，以台灣共產主義者積極分子大會之名召開會議。據云出席者以中國共產黨代表彭榮爲首，包括林木順、謝氏阿女（即謝雪紅）、翁澤生、謝玉葉、陳來旺（臺中人）、林日高（臺北人）、潘欽信，以及上海台灣青年讀書會之尖銳（即積極）分子張茂良（南投人）、劉守鴻（屏東人）、楊金泉（臺北人）等十一名。」〔註34〕關於「彭榮」，謝雪紅後來回憶道：「1928年4月13日——臺共成立大會的兩天前——中共聯絡員帶我和林木順到預定做爲成立大會會址的地方，去見一個中共中央的領導人。聯絡員介紹他時說：『這是彭榮同志，中共中央派來的……』接著彭榮同志說：『中共中央派我來領導台灣共產黨的成立大會』……」。〔註35〕

第四，中共代表聽取台灣同志關於大會籌備情況的彙報，主持預備會，共同商定召開成立大會日期和選定開會地點。在臺共成立大會召開之前，翁澤生、謝雪紅已經把有關成立大會文件如政治綱領、組織綱領、勞工運動、農民運動、青年運動、婦女運動等綱領方針草案送交中共中央審閱。因此，在與謝、林見面時，「彭榮就對他們說：『你們送來的綱領草案我們都看過了，原則上是沒有什麼問題，只是我們對台灣的情況不瞭解，提不出什麼具體的意見。綱領可以暫時用它，待日後回台灣於實行中在加以修補。』同時，我和林木順分別談了我們籌建台灣共產黨組織的經過情形。那天我們談話的時

---

〔註32〕謝雪紅口述、楊克煌筆錄：《我的半生記》，臺北：楊翠華出版1997年版，第242頁。

〔註33〕謝雪紅口述、楊克煌筆錄：《我的半生記》，臺北：楊翠華出版1997年版，第255頁。

〔註34〕「台灣總督府警務局」：《台灣社會運動史——共產主義運動》，《台灣共產黨組黨經緯》，臺北：創造出版社1989年版，第10頁。

〔註35〕謝雪紅口述、楊克煌筆錄：《我的半生記》，臺北：楊翠華出版1997年版，第249頁。

間比較長，也談得比較詳細。」由於當時上海革命環境的非常險惡，因此，對成立大會，彭榮指示：「會前準備要周詳，開會時間要短，參加人數要少。」〔註36〕4月14日在翁澤生家中先行召開預備會，彭榮也出席了，在這次預備會上，「由彭榮將兩個綱領（即政治、組織綱領）及諸方針宣讀後付諸討論，獲無異議通過，因爲組黨大會須保持機密，決定出席者限爲代表，且先行決定人選，大會日期定於4月15日，地點則由彭榮選定。」〔註37〕會議在彭榮的指導下，用投票的方式選出了第二天參加成立大會的7個代表。經過彭榮認眞的挑選，大會地點是「在彭榮選定的上海法租界霞飛路的橫街金神父某照相館之樓上。」〔註38〕

第五，中共代表在大會上作指導性報告。1928年4月15日，是台灣革命史上極爲重要的日子，在這一天，臺共成立大會在上海法租界一間兩層樓的金神父照相館樓上勝利召開，它宣告了台灣革命運動領導集體——臺共的誕生。會議開了兩天，「大會的領導人是中共中央代表彭榮同志，」〔註 39〕按大會議程，首先由大會推選林木順爲會議長、翁澤生爲書記員（記錄員），然後再由會議長林木順致辭。之後，中共代表彭勞在大會上作指導性發言。他從 1919 年五四運動說起，講述了中國無產階級英命運動的歷史，講到了国共合作和分裂的經驗教訓。他說：「因爲中國資產階級具有反帝國主義力量，所以共產黨在本身勢力微弱時代與其合作尚屬正確。但對於革命發展至某一階段後資產階級必然投入反動陣營之道理缺乏理解，因此將武漢的國民黨誤認爲小資產階級政黨，與其妥協，並任其實行壓制罷工和農民運動等，犯了最大錯誤……」〔註40〕因此，他提醒臺共應該警惕對資產階級的妥協，避免中共曾經犯下的「右傾機會主義」錯誤。在他發言之後，與會成員紛紛向他請教有關革命運動中的一些問題，他一一解答。這次大會除「有關工人

---

〔註36〕 謝雪紅口述、楊克煌筆錄：《我的半生記》，臺北：楊翠華出版1997年版，第249頁。

〔註37〕 「台灣總督府警務局」：《台灣社會運動史——共產主義運動》，《台灣共產黨組黨經緯》，臺北：創造出版社1989年版，第10頁。

〔註38〕 「台灣總督府警務局」：《台灣社會運動史——共產主義運動》，《台灣共產黨組黨大會》，臺北：創造出版社1989年版，第10頁。

〔註39〕 謝雪紅口述、楊克煌筆錄：《我的半生記》，臺北：楊翠華出版1997年版，第250頁。

〔註40〕 「台灣總督府警務局」：《台灣社會運動史——共產主義運動》，《台灣共產黨組黨大會》，臺北：創造出版社1989年版，第12頁。

運動的文件經彭榮指示需要修改而帶回」之外，其他（文件）大致照原案通過。〔註41〕

　　第六，中共對臺共成立以後的工作做了具體指示。1928 年 4 月 17 日，當選的臺共領導成員謝雪紅、林木順等人按計劃到大會會址去見彭榮，請求彭榮對成立後的臺共今後工作給予指示，彭榮說：「臺共領導成員幾乎都是知識分子，真正工農出身的分子很少，這是建黨初期難以避免的現象，但今後要在實際工作中注意大力吸收工農分子入黨，以改變黨內知識分子所佔成份的比例；其次，黨內和領導機構內有不少人曾信仰過無政府主義，回臺後應盡快召開黨的第二次代表大會，以改變這種現象。」當臺共領導成員告訴他：「計劃五月以前讓全體黨員回台灣從事實際工作，回臺後主要工作重點是工運、農運和台灣文化協會。彭榮同志都同意了。」〔註42〕

　　由上可知，中共與臺共關係是非常密切的。這種密切關係，從 1928 年 4 月 20 日臺共致中共中央的一封信中能更清楚地看到：「台灣共產黨的構成分子大部分曾加入中國共產黨，接受過中國共產黨的指導訓練。是故，台灣共產黨成立與中國共產黨頗有密切的意義（關係），台灣革命與中國革命之間亦有頗多關連。因此，懇請中國共產黨對台灣共產黨能多加指導與援助。這是大會全體同志對中國共產黨的最熱烈的要求。」〔註43〕

## 二、中國共產黨對台灣共產黨革命鬥爭的支持和指導

　　臺共從 1928 年 4 月成立到 1932 年 4 月遭到日本殖民當局破獲而全部瓦解，歷時約四年。在這段時間裏，臺共的鬥爭及與中共的關係大致可分為前期、後期兩個階段。臺共前期主要接受日共領導，但與中共也有深厚的關係。臺共後期，由於日共遭受日警的鎮壓而陷於癱瘓，臺共更多的是在共產國際東方局和中共的指導下開展工作。而這時又恰逢共產國際「左」傾進攻路線和中共「左」傾教條主義與冒險主義盛行之時，臺共也深受此影響，是導致其失敗的主要原因之一。

---

〔註41〕「台灣總督府警務局」：《台灣社會運動史——共產主義運動》，《台灣共產黨組黨大會》，臺北：創造出版社 1989 年版，第 13 頁。
〔註42〕謝雪紅口述、楊克煌筆錄：《我的半生記》，臺北：楊翠華出版 1997 年版，第 252～253 頁。
〔註43〕「台灣總督府警務局」：《台灣社會運動史——共產主義運動》，《致中國共產黨中央的信》，臺北：創造出版社 1989 年版，第 98 頁。

## （一）中共為臺共輸送後備幹部（臺共成立～1929 年底）

1928 年 4 月上海讀書會事件發生後，臺共就遭受重大打擊，不僅損失了幾位建黨骨幹，而且建黨大會的工作部署也被打亂。1928 年 6 月，謝雪紅由於證據不足而被無罪釋放。隨後，謝雪紅與林日高、莊春火等人在島內重振黨的組織，在日共的指導下，不屈不撓地開展革命鬥爭。與此同時，中共也為臺共革命鬥爭創造有利條件，提供有力支持。他們採取的主要辦法為臺共輸送後備幹部。臺共候補中央委員翁澤生常駐上海，負責與中共和共產國際東方局的聯絡。在中共領導下，翁澤生、林木順對在上海的台灣進步青年開展組織工作，為臺共準備幹部力量。正當臺共遇到挫折時，中共伸出了援助之手。中共先後派出王萬得（中共黨員）、吳拱照、詹以昌、劉守鴻（共青團員）返回台灣，〔註 44〕參加臺共的重建工作。王萬得重新在文化協會工作，並創辦《伍人報》，作為和各地聯繫的工具。王萬得在台灣工作成效不錯，受到謝雪紅的信賴。1929 年 10 月，謝雪紅、林日高和莊春火在國際書局集會，討論當時的局勢，並進行了工作分工。其中，王萬得是臺北市負責人，吳拱照任文化協會負責人，劉守鴻任高雄負責人。

## （二）中共與臺共的改革及革命路線的轉變（1930 年初～1932 年 4 月）

1928 年 8 月，共產國際堅持所謂「第三時期」理論，認為「第三時期」（1928 年以後）是「各資本主義國家內部矛盾日益激烈、殖民地鬥爭日益發展、資本主義總危機尖銳化、開始進行大規模的階級搏鬥，即『無產階級直接革命』的時期。」〔註45〕1929 年 7 月，共產國際執委第 10 次全會對「第三時期」理論又有了進一步的發展，認為「第三時期」就是「資本主義總危機增長，帝國主義的內部和外部基本矛盾迅速加劇，從而必然導致帝國主義戰爭，導致大規模的階級衝突，導致各主要資本主義國家新的革命高潮發展，導致殖民地偉大的反帝國主義革命的時期。」〔註 46〕由於共產國際「第三時期」理論，認定第一次世界大戰後資本主義總危機已經到來，工人運動、民族解放運動出現世界性的革命高潮，是實現世界革命的有利時期。因此，共

---

〔註44〕 「台灣總督府警務局」：《台灣社會運動史——共產主義運動》，臺北：創造出版社 1989 年版，第 109 頁。

〔註45〕 〔匈〕貝拉·庫恩：《共產國際文件彙編》第一冊，北京：生活·讀書·新知三聯書店 1965 年版，第 3 頁。

〔註46〕 〔匈〕貝拉·庫恩：《共產國際文件彙編》第一冊，北京：生活·讀書·新知三聯書店 1965 年版，第 145 頁。

產國際不顧各國的國情一律要求各國共產黨貫徹執行「左」傾進攻路線，結果使各國共產黨的革命事業遭受嚴重挫折。同樣，共產國際「左」傾進攻路線也嚴重地影響了中共和臺共的革命事業。在共產國際「第三時期」錯誤理論的指導下，中共黨內連續發生了三次「左」傾錯誤：瞿秋白的「左」傾盲動主義、李立三的「左」傾冒險主義和王明的「左」傾教條主義錯誤，這三次「左」傾錯誤給中共的革命事業造成了巨大損失。正是在這樣的歷史背景下，共產國際「第三時期」理論和中共的「左」傾路線對臺共的改革及路線轉變產生了直接影響。

　　由於日共屢遭日警的破壞，臺共與日共的關係中斷，因此，臺共只好尋求共產國際東方局和中共的指導。1930 年 4 月，臺共派遣林日高前往上海向共產國際東方局和中共彙報臺共的工作，當中共得知臺共工作沒有多大進展時，因此，中共建議臺共黨內進行改革，以推動台灣革命運動的發展。此後，臺共在共產國際東方局的指示和中共的建議下，開展黨的改革行動。1931 年 1 月，臺共骨幹分子王萬得、蘇新、趙港等人不顧臺共舊中央領導人謝雪紅的反對，成立臺共改革同盟，決定貫徹執行共產國際的「左」傾進攻路線。1931 年 5 月底，臺共的第二次臨時代表大會不僅確立了新的中央領導核心，而且還表示臺共要借鑒中共的革命經驗。臺共新中央在《接受中國黨中央的提議的決議案》文件中，說到：「中國黨的革命經驗將提供台灣黨重大的教訓和參考。黨的成立大會及此次大會均受到中國黨的幫助與指導，此點具有重大的國際性意義。大會一方面接受中國黨的提議，確立布爾什維克的組織方針與政治方針，努力於黨的布爾什維克工作；同時希望，中國黨時時刻刻以其豐富經驗幫助台灣黨的布爾什維克化，並建立與台灣黨之間的密切聯繫」。〔註 47〕大會採納了新的政治綱領，指出台灣革命的性質為資產階級民主革命，但台灣的資產階級已經不能負擔此一革命任務，必須由無產階級擔當革命的領導力量，「唯有無產階級指導農民、小資產階級及一般勤勞大眾組織形成的勢力，才是革命的唯一動力」。〔註 48〕此時，臺共開始犯「左」傾冒險主義和盲動主義的錯誤，他們認為帝國主義陷入了極大的危機之中，世界正進入革命的高潮期，號召人民起來對殖民主義和封建勢力做堅決的鬥

〔註47〕　「台灣總督府警務局」：《台灣社會運動史——共產主義運動》，臺北：創造出
　　　　　版社 1989 年版，第 167 頁。
〔註48〕　「台灣總督府警務局」：《台灣社會運動史——共產主義運動》，臺北：創造出
　　　　　版社 1989 年版，第 176 頁。

爭，最後「達成武裝暴動，顛覆帝國主義的統治，建設革命政權，完成革命現階段的任務」。〔註 49〕這一激進主張的出現與當時自身陷於「左」傾機會主義路線下的中共的影響有著密切的關係，並且不符合台灣的社會實際，對臺共自身及台灣革命的發展有著很大的危害性。進入「九一八」事變後，臺共認為「帝國主義戰爭正是台灣革命成功的機會」〔註 50〕，決定依據 1931 年綱領中武裝暴動、建立蘇維埃政權的方針，在台灣策劃武裝暴動的具體實施，先後組織人員在嘉義的竹崎、北港進行訓練。隨後，臺共又以大湖、竹南農民組合支部為中心，積極組織暴動準備工作，但不幸事機洩露，大批成員被捕，暴動失敗。1931 年下半年，日本殖民者在全臺大肆搜捕臺共黨員，臺共組織和黨中央受到嚴重破壞，黨從此陷入癱瘓狀態。這種不顧島內實情，在理論和實踐上盲目照搬照套的結果，使臺共羽毛未豐就過早地暴露在日本殖民者面前，終難逃脫毀滅的命運。

既然如此，我們如何看待中共與臺共「左」傾錯誤的關係呢？我們認為，20 世紀 20～30 年代，在整個國際共產主義運動中，把馬克思主義教條化，把共產國際的決議和蘇聯經驗神聖化的傾向十分嚴重，當時年幼而又缺乏獨立判斷能力的中共對共產國際的決議只能忠實地執行。此外，當時中共還是共產國際的一個支部，而作為共產國際的一個支部，中共有義務遵從和執行共產國際的各項指示。在大革命時期的中共不可能違背共產國際的策略方針而另搞一套，這是共產國際紀律所不允許的。共產國際規定：「所有參加共產國際的黨必須服從共產國際的集中統一領導」；「共產國際代表大會及其執行委員會的一切決議，所有加入共產國際的黨都必須執行」；「黨員如果原則上否認共產國際所提出的義務和提綱，應該開除出黨」。〔註51〕因此，共產國際在指導世界革命的問題上，具有至高無上的地位。共產國際的理論觀點、政策指示，對於處於幼年期的中共來說，是很難抗拒的。這樣，當時的中共中央也就只能處於直接執行者的地位了。臺共的「左」傾錯誤固然與中共的指導有關，但其根本原因是在共產國際「第三時期」錯誤理論指導下，所釀成的

〔註49〕 「台灣總督府警務局」：《台灣社會運動史——共產主義運動》，臺北：創造出版社 1989 年版，第 170 頁。
〔註50〕 「台灣總督府警務局」：《台灣社會運動史——共產主義運動》，臺北：創造出版社 1989 年版，第 278 頁。
〔註51〕 〔匈〕貝拉‧庫恩：《共產國際文件彙編》第一冊，北京：生活‧讀書‧新知三聯書店 1965 年版，第 152 頁。

結果。

　　1921 年 7 月，中共在成立之後，就牢記自己的神聖使命，在領導祖國大陸各族人民進行反帝反封建新民主主義革命的同時，也十分關注台灣同胞爲擺脫日本侵略者的殖民統治、爭取台灣回歸祖國的鬥爭大業，把指導台灣反日革命運動納入了中華民族解放事業的全域戰略之中，臺共的創立就是我們黨努力工作的結果。在中共的指導下，臺共黨員組織革命團體，學習馬列主義，開展反日鬥爭。臺共反日革命運動已經溶入了中華民族爭取獨立與解放的新民主主義革命洪流之中，不僅使祖國大陸的反帝愛國運動增添了豐富的內容，而且得到了中共的全力支持。雖然臺共存在的時間很短，但是中共對台灣革命前途的關心，並爲此所付出的巨大心血，所作出的種種努力，是客觀存在的，是不應被遺忘的。

　　日據時期的臺共組織被摧毀了，但臺共的「靈魂」未滅，鬥爭精神猶存。

## 三、舊台灣共產黨人員的演變——回歸中國共產黨及台灣民主自治同盟的建立

　　第二次世界大戰以日本宣佈無條件投降而告結束，台灣隨即光復。在這一新的形勢下，以謝雪紅爲代表的一批舊臺共人員並沒有恢復過去的臺共組織，而是立刻行動起來，爲爭取台灣的民主政治，與大陸中共領導的革命鬥爭相呼應。台灣「二二八」事件後，他們先後前往大陸，再轉赴香港開展反美反蔣活動，並在此恢復或重新加入中共。在中共支持和幫助下，建立「台灣民主自治同盟」。至此，日據時期的臺共脫胎換骨，演變成中共領導下的民主黨派，爲建立、建設新中國及台灣與大陸的統一而開始了新的征程。

### （一）台灣光復後舊臺共人員的奮起及與大陸革命鬥爭的呼應

　　在台灣光復祖國這一天翻地覆的形勢轉變下，一批先後出獄並頑強生存下來的舊臺共人員如謝雪紅、楊克煌、蘇新、王萬得等，立即投入到爭取民主、自由的政治運動中。

　　憑著政治敏銳性，他們從一開始就對國民黨政權不抱期望。大戰結束後不久，蘇新來到臺北，先後參與《政經報》、《人民導報》、《台灣評論》等報刊的創辦和編輯，進行政治宣傳活動。謝雪紅和楊克煌等以臺中爲據點開始對群眾的發動組織工作。1945 年 10 月 5 日，「台灣人民協會」在臺中正式成

立，並在各地建立支部。「台灣總工會籌備會」、「台灣農民協會」、「台灣學生聯合會」等也先後成立。〔註52〕雖然這些組織不久被國民黨所禁止，台灣人民協會也被迫解散，但它表達了台灣人民的政治願望和新的鬥爭姿態。

由於國民黨政府接收台灣後，仍對台灣實行獨裁專制統治，在民怨日深的情況下，1947年終於爆發「二二八」事件。3月2日，謝雪紅在臺中市領導發動武裝起義，後又組織「二七部隊」堅持鬥爭。「二二八」起義是台灣人民反對國民黨專制統治的愛國、民主、自治運動。在大陸延安的中共中央，對台灣臺胞的鬥爭予以高度的重視。中共中央機關報《解放日報》、延安廣播電臺等宣傳媒體，陸續發佈台灣人民鬥爭的消息，號召解放區軍民聲援、支持台灣人民的鬥爭。這對台灣人民的鬥爭仍是極大的鼓舞。

## （二）回歸中共，建立中共領導下的民主黨派──台灣民主自治同盟

「二二八」事件後，為躲避國民黨當局迫害，謝雪紅、楊克煌、蘇新、蕭來福、楊克培、潘欽信、王萬得等舊臺共人員，先後投奔大陸，在中共安排下轉赴香港開展活動。中共派專人在香港領導開展工作。當時，在國民黨統治危機日益加劇之時，美國為了阻止中國人民解放台灣，一方面加緊對台灣進行軍事侵略，另一方面則圖謀分離台灣，並支持個別臺籍敗類，搞所謂聯合國「託管台灣」等「臺獨」分裂活動。對此，中共和中國人民堅決反對。在這一背景下，聚集香港的謝雪紅等人，其活動和鬥爭內容及與中共的關係，均有了新的發展。

一是創辦刊物、出版著作。抵達香港後，在中共和社會各界支持下，謝雪紅、楊克煌及蘇新等創辦「新台灣出版社」，發行《新台灣叢刊》，先後出版《新台灣》、《明天的台灣》、《台灣二月革命》、《憤怒的台灣》等書刊。除了表達和宣傳台灣同胞的心聲、揭露國民黨欺壓台灣人民的罪行外，還擔當了反對美國分離台灣並與「臺獨」分子堅決鬥爭的先鋒。

二是成立「台灣民主自治同盟」。為了聯繫台灣同胞，繼續同美蔣反動派及「臺獨」作鬥爭，在中共幫助下，謝雪紅等人到香港後即開始籌備台灣人自己的政治團體。〔註53〕1947年11月12日，「台灣民主自治同盟」（簡稱臺

---

〔註52〕楊克煌：《台灣人民民族解放鬥爭小史》，武漢：湖北人民出版社1956年版，第197頁。

〔註53〕臺盟史略編委會：《臺盟史略》，北京：臺海出版社1999年版，第3頁。

盟）在香港成立。成立大會通過的《臺盟綱領》、《臺盟時局口號》等文件表明，臺盟的宗旨是反對美蔣反動統治，反對美國支持的所謂「國際託管台灣」和「台灣獨立」，爭取台灣省的民主自治及地方自治。臺盟基本的政治主張是贊成和接受中共提出的反帝、反封建、反官僚資本以及實行人民民主制度的新民主主義革命。〔註54〕會議選舉謝雪紅、楊克煌、蘇新三人為臺盟總部理事會成員。臺盟的成立，是新形勢下台灣人民革命鬥爭的需要，它使舊臺共人員的鬥爭有了依託，與中共形成了新型的政治組織之間的關係。

　　三是舊臺共黨員回歸中共，重新加入中共黨組織。在香港期間，謝雪紅補辦了入黨手續，重新回到中共的懷抱，入黨時間定為 1946 年 1 月。這是 1948 年 7 月由中共上海局、華南局與台灣省工委在香港召開的聯席工作會議上確定的。〔註55〕這次會議目的是為了重新整合台灣的革命力量，釐清過去的歷史問題和革命戰略，部署下一階段的工作目標和任務。臺盟的主要領導人參加了這次會議。1948 年 1 月，由謝雪紅、楊克煌介紹，蘇新重新加入中共。〔註56〕舊臺共黨員徹底轉變角色，成為中共的一員。從此，他們為中共的綱領，也為臺盟的目標而奮鬥。

　　四是響應中共「五一」號召，參加新政協，建立新中國。1948 年 4 月 30 日，中共中央向各民主黨派、人民團體及社會賢達發出「召開政治協商會議」、「成立民主聯合政府」的「五一」號召。5 月 7 日，臺盟在香港發表《告台灣同胞書》，積極響應和擁護中共的號召。1948 年底到 1949 年初，在中共的組織和安排下，臺盟總部負責人及在港民主黨派人士陸續北上到達解放區。臺盟總部也由香港遷到北平。6 月 15 日，謝雪紅以中國青年聯合會副主席的身份參加了中國人民政治協商會議籌備會議。會議決定，臺盟以一個黨派單位參加新政協。〔註57〕至此，臺盟的地位得以確立。1949 年 9 月 21 日，謝雪紅、楊克煌、李偉光等 5 人作為正式代表出席中國人民政治協商會議第一屆全體會議，參與制定《中國人民政治協商會議共同綱領》和組建中央人民政府的

〔註54〕中共中央黨校：《中國民主黨派史文獻選編》，北京：中共中央黨校內部發行 1985 年版，第 492～494 頁。

〔註55〕林瓊華：《女革命者謝雪紅的「真理之旅」》，《20 世台灣歷史與人物——第六屆「中華民國」史專題論集》2003 年版，第 1210 頁。

〔註56〕蘇新：《未歸的臺共鬥魂》，時報文化出版企業有限公司，1993 年版，第 75 頁。

〔註57〕臺盟史略編委會：《臺盟史略》，北京：臺海出版社 1999 年版，第 8 頁。

工作。10 月 1 日，作爲臺盟首席代表，謝雪紅出席了開國大典。

至此，日據時期的臺共經過漫漫黑夜的摸索和腥風血雨的歷練，成爲中共領導下的八大民主黨派之一。臺盟作爲參政黨，與中共長期共存，互相監督，肝膽相照，榮辱與共。

## 第三節　台灣共產黨與共產國際的關係

共產國際對於臺共，既有援助的一面，也有損害的一面，有功有過，毀譽並存。本節試就共產國際和臺共之間的關係作一探析。

### 一、共產國際對台灣共產黨的幫助及正面影響

#### （一）共產國際對臺共早期主要創黨成員的培養和創黨準備。

共產國際爲幫助東方各國人民先後創辦了各類學校，培養出一大批有覺悟的共產主義戰士。其中最典型的是東方勞動者共產主義大學（即東方大學），它是根據巴庫東方各民族代表大會的決定，於 1921 年 4 月設立的。在課程設置方面，它不開自然課，而專開社會課。即語言課（主要學俄語，兼學英語或德語）、歷史課（學社會發展史、俄共黨史、東方革命史、西方革命史）、哲學課（學辯證唯物主義和歷史唯物主義）、政治經濟學課（學資本論）、列寧民族和殖民地問題、農民問題、共產國際的戰略和策略、軍事課等。從課程的性質可見，東方大學就是從最基本的方法論和世界觀入手，改造學員的思想，有效地訓練高度熟練的政治工作人員。其目的在於，幫助學員提高馬克思主義理論水平，掌握馬克思主義學說方法論，用以指導東方民族殖民地國家的革命。

1925 年 12 月至 1927 年 11 月，謝雪紅、林木順在莫斯科東方大學學習期間，共產國際十分關注台灣革命青年的培養。在留蘇期間，共產國際曾多次安排他們去克里姆林宮，現場聆聽斯大林、托洛茨基、布哈林、加米涅夫等蘇共領導人的演講。〔註 58〕不僅如此，共產國際還讓他們列席參加各種重大國際會議。如，1926 年秋冬之間，共產國際就通知他們列席參加共產國際執行委員會第六次擴大會議。〔註 59〕他們還受到了共產國際執委會委員的片山

〔註 58〕謝雪紅口述、楊克煌筆錄：《我的半生記》，臺北：楊翠華出版 1997 年版，第 206 頁。
〔註 59〕謝雪紅口述、楊克煌筆錄：《我的半生記》，臺北：楊翠華出版 1997 年版，第

潛在政治上和生活上的支持和照顧。片山潛送給他們一本《日本帝國主義鐵蹄下的台灣》，為他們訂閱《台灣日日新聞》，為他們收集台灣資料，已備將來在台灣建黨需要。〔註60〕

　　在東方大學的兩年時間，通過進一步學習革命的基本理論和實踐，學習軍事理論及進行軍事訓練，與其他民族地區學員的交流、討論革命實踐中的重大問題和本地區的情況，使他們大大開闊了眼界，進一步樹立起無產階級革命的世界觀，國際主義和階級覺悟大大提高，反抗日本殖民統治的民族革命精神大為振奮。

　　針對臺共建黨時，缺少革命幹部，為此，共產國際要求其下屬單位日共和中共分別向臺共輸送革命幹部。在共產國際的指示下，中共先後輸送了翁澤生、王萬得、潘欽信等，而日共也輸送了蘇新、陳來旺等，這在一定程度上幫助了臺共建黨。臺共成立時，日共正受到日警的緝捕與鎮壓，許多重要領導者紛紛入獄，無法派代表出席臺共成立大會。在此情況下，共產國際東方局便派出中共代表和朝共代表共同協助臺共的成立。

## （二）共產國際和蘇共為台灣共產主義者提供經費，鞏固和發展其組織力量

　　20世紀20年代，台灣共產主義者是靠共產國際和蘇共提供的經費作為生存和活動的基礎。據日警檔案史料記載：「大正十年（1921年）9月，（早期的台灣共產主義者彭華英、蔡惠如）透過朝鮮共產主義者金立，由蘇聯邦支給三千圓的運動資金云。」〔註61〕「許乃昌於大正十三年十月，謝廉清於翌年三月前後進入蘇俄，於同年七月左右歸返北京。有關此中經過雖不甚明瞭，但不可否認，該兩人被賦予指導台灣共產主義運動之使命。根據情報所示，他們曾經領受了三萬圓運動資金。」〔註62〕由於大多數台灣共產主義者都是沒有職業，經濟上主要是靠個人家庭的資助。然而，有的人家庭在經濟上沒有能力資助，因此，他們只好向共產國際赤色救援會申請資助。當時，台灣

　　　215頁。

〔註60〕謝雪紅口述、楊克煌筆錄：《我的半生記》，臺北：楊翠華出版1997年版，第
　　　204頁。

〔註61〕「台灣總督府警務局」：《台灣社會運動史——共產主義運動》，《島外的初期
　　　共產主義運動》，臺北：創造出版社1989年版，第2頁。

〔註62〕「台灣總督府警務局」：《台灣社會運動史——共產主義運動》，《島外的初期
　　　共產主義運動》，臺北：創造出版社1989年版，第3頁。

共產主義者翁澤生、張茂良經濟上很困難，於是向共產國際申請資助。對此，謝雪紅說：「我兩次去找呂運亨談話後，他帶我到法租界一個較偏僻地方的一棟洋樓（在復興公園附近），去找一個高、瘦個子的美國人同志。據呂同志說他是第三國際東方局的代表，並負責國際赤色救援會的。」〔註63〕「呂同志說國際救援會補助的原則只限於流亡者、及少數破產的革命家等。當時在法西斯統治下，需要救濟的人很多，救援會對翁等的幫助已不能再多了；而張茂良是因家境貧苦不能給他匯錢來，所以，才補助他。」〔註64〕

共產國際對臺共創立過程中以及創立後物質上的援助，是對臺共起了很大的作用。共產國際的援助，讓幾乎全身心投入到革命事業中的共產黨人，不用再去考慮住房辦公、發行雜誌、印刷宣傳品、召開會議、組織工會、舉辦夜校以及維持自己作爲職業革命家的日常生活等這項目繁瑣而且又是革命中及生活中必不可少的開支。可以說沒有了這些資金的救濟，革命家們生活就無法得到保障，更無從談論開創台灣的革命事業了。共產國際的這種援助，對於臺共特別是其前期的生存和發展，曾經起至關重要的作用。其經費援助的多少，與黨的活躍程度乃發展的快慢，明顯地是成正比的。援助的力度大、數額多，臺共開展的活動範圍就大，影響也就隨之增加；一旦援助中斷，哪怕只是暫時減少，都不可避免地會妨礙臺共許多工作的開展。

## 二、共產國際對台灣共產黨的負面影響

臺共成立之初，是在日共的領導下開展工作，然而，由於日共屢遭日本政府鎮壓，尤其是「四·一六事件」發生後，日共遭到徹底地破壞，結果使得臺共與日共關係中斷。從1930年12月起，臺共開始在共產國際東方局的領導下開展活動。1931年6月，共產國際又進一步將臺共歸爲它的一個直屬支部，直接受它領導。然而，共產國際在指導臺共的工作犯了諸多錯誤，這在第三章第一節已作了詳細的論述，不再贅述。在這裡，筆者要著重談談共產國際組織制度對臺共的負面影響。

雖然共產國際在組織上實行民主集中制原則，但共產國際的民主集中制

〔註63〕謝雪紅口述、楊克煌筆錄：《我的半生記》，臺北：楊翠華出版1997年版，第229頁。
〔註64〕謝雪紅口述、楊克煌筆錄：《我的半生記》，臺北：楊翠華出版1997年版，第242頁。

在實踐過程中卻過分強調了集中的一面。共產國際二大通過的《共產國際章程》規定，執委會：「有權向所有參加共產國際的政黨和組織下達具有約束力的指示，有權要求屬於共產國際的政黨開除那些違反國際紀律的集團和個人，有權將違反代表大會決議的政黨從共產國際中開除出去。」〔註65〕這些規定和紀律約束成為以後共產國際和蘇聯干涉台灣共產黨和台灣革命（包括其他共產黨）內部事務的合法手段。也正因為這種對集中的強調，使民主被忽視，集中得到加強，從而導致了共產國際組織內部的專斷甚至獨裁的產生。

20世紀20年代末30年代初，斯大林在一系列黨內鬥爭中取得節節勝利，斯大林個人的絕對權威得以確立，聯共（布）開始系統地宣傳個人崇拜。受此影響，共產國際的權力不僅集中於執委會，而且集中於一個領導黨和一個領導人手中。1928年8月，共產國際六大通過的共產國際章程，更進一步強化了共產國際對各國支部的領導權威。章程規定：「共產國際執委會及其主席團有權設立常設局（共產國際執委會西歐局、南美局、東方局和其他各局），以便同共產國際各支部建立更密切的聯繫，並更好地指導它們的工作」。〔註66〕「共產國際執委會及其主席團有權向共產國際各支部派遣特派員。特派員接受共產國際執委會的指示，他們的活動向共產國際執委會負責。共產國際執委會的全權代表有權參加他們派駐的支部的黨中央機關以及地方組織的會議。……如該支部中央委員會在某一問題上的政策違背共產國際執委會的指示時，他們可以在該支部的代表大會和代表會議上對該支部中央委員會表示反對。」〔註67〕這些特派員成為共產國際領導各國黨的「欽差大臣」，監督各國黨是否「無條件」地執行共產國際領導機關的一切決定。20世紀30年代初，共產國際高度集中的領導體制已經發展到登峰造極的地步，共產國際執委會已經不是負責共產國際工作的執行機關，而變成了具有至高無上的領導共產國際各國黨的權力機關。作為共產國際內部第一大黨的聯共（布），也變成了凌駕於其他各國黨乃至共產國際之上的領導黨。共產國際通過執委會的決議、地區常設局的指示和特派員的監督及其他各種措

---

〔註65〕〔英〕珍妮・德格拉斯：《共產國際文件》第一卷，北京：世界知識出版社1963年版，第207頁。

〔註66〕〔英〕珍妮・德格拉斯：《共產國際文件》第二卷，北京：世界知識出版社1964年版，第644頁。

〔註67〕〔英〕珍妮・德格拉斯：《共產國際文件》第二卷，北京：世界知識出版社1964年版，第644〜645頁。

施,從思想上、組織上和行動上全面控制了共產國際各支部。

隨著共產國際領導體制的日益集權,使得參加共產國際的各國共產黨的大小事務都必須聽從於幾千里之外的莫斯科發號施令。1930 年 12 月,當共產國際要求臺共中央推行「第三時期」理論的方針政策時,由於這些指示脫離了台灣的革命實際,結果遭到了以謝雪紅爲首臺共舊中央的抵制。然而,共產國際的「政治紀律」是非常嚴厲的,對於謝雪紅公然違抗共產國際指示的行爲,共產國際給謝雪紅處以最嚴厲的懲罰——開除出黨。從 1931 年起,共產國際與臺共的領導與被領導關係被完全神聖化了,以王萬得爲首的臺共新中央以共產國際的革命思路爲思路,以共產國際的鬥爭策略爲策略,對共產國際的指示、決定、決議,無論是正確的,還是錯誤的,照搬照抄,均一一貫徹,而不能根據台灣的實際情況進行有分別地運用這些決議和指示,結果對形勢判斷失誤,在策略上也就不可避免的產生教條主義錯誤。共產國際的獨斷專行,壓制了臺共的主動性、創造性,打擊了以謝雪紅爲首臺共舊中央的不同意見,嚴重地束縛了臺共獨立自主地解決台灣革命的實際問題,扼殺了臺共的生機和活力。

# 附　錄

## 一、1928 年台灣共產黨組織大綱〔註 68〕

### (一)有關黨建設的基本條件

以往台灣沒有共產黨組織。惟如政治大綱所示,處於現今政治情勢下,共產黨之組織實爲當務之急。若無黨則無產階級之組織爲不可能,勢將永遠在日本帝國主義壓迫下受苦,無從期待全台灣多數勞動人民之解放。現在台灣的無產階級占全人口的 69%。這就是建立共產黨的基本條件。不過,此外尚有在日本金融大資本階級厚顏無恥的掠奪下喘息的多數工商小資產階級,雖然只是突發性形態,仍然頑強地進行對抗。而共產黨絕非大眾日常鬥爭下的自然產生物,毋寧說,勞動者農民大眾的循序組織乃爲建黨的至佳條件。目前的大眾性組織僅有工會的一萬、農會的三萬,及爲了民族鬥爭而組織的文化協會 1500 人和民眾黨的 600 人而已。是以,我們必須將上述大眾吸收在

---

〔註 68〕 「台灣總督府警務局」:《台灣社會運動史——共產主義運動》,臺北:創造出版社 1989 年版,第 17～24 頁。

黨的周圍，勇敢的鬥爭，將黨的影響逐步擴大。

## （二）與日本共產黨的關係

台灣共產黨在相當期間內組成第三國際一支部的日本共產黨的民族支部。因而必須遵守日本共產黨執行委員會的指令。此即台灣共產黨將透過日本共產黨去完成世界無產階級革命的一支隊的任務。

## （三）黨建設的一般任務

黨必須建立在勞動者大眾的現實鬥爭中。離開大眾的現實鬥爭，單靠個人間的相熟關係，或以機械性勸誘法，或藉現時尚殘留於台灣的理論鬥爭方法而組織，殊無成功之可能。在黨組織建設之期間，其根本任務之一為黨的機關雜誌。集合性組織必須有中心機關報。藉由機關報將黨的政治政策傳達於大眾的現實鬥爭之間，賦予大眾鬥爭一定的方針，從而促使大眾自覺到，若無共產黨則無能進行無產階級的革命鬥爭。如此，則容易促成具有革命性的勞動者及貧農大眾成為黨的一分子，獻身於革命的戰士，要求其投身於積極地活動。我們藉此中心機關報之發行，由大眾及黨外大眾團體中爭取能依據黨的政策行動的分子，將其吸收進黨的組織中。此種方法乃將黨建設為大眾性組織之唯一途徑。尤以時下台灣所有政治性運動之特徵為個別性的、地方性的、小組織性的運動趨勢頗為濃厚，加上對於運動，幾乎從來沒有共產主義者的實質指導，因此機關報之發行有絕對性的必要。

### 1. 共產黨的獨立性與獨立的活動

黨乃為實現無產階級歷史性使命的無產階級前衛組織，故不論在政治方面、組織方面，都必須是一切納入組織體下的政治結社。且必須是以列寧主義的理論為武裝，在第三國際政綱下結合的政治結社。因此，黨與工會或大眾黨並不相同。台灣共產黨應是由承認黨的政綱，服從黨的規律及統制，且能積極活動者所組織。這個黨的構成員——黨員——普遍存在於工會中、農會中、民眾團體中，甚至一般大眾之中。唯存在於各地各處的黨員，是在黨一定的政綱下結合，一定的組織下活動，故黨保有獨立的組織與活動。由於黨具有獨立的組織與活動，所以黨能把廣泛的一般大眾及大眾團體爭取到它的指導下。但當的獨立組織與活動，絕不是將大眾團體內的黨與大眾團體割離出來，也不是黨的活動與大眾團體的活動分離存在。

### 2. 非法性活動與合法性活動

共產黨不獨在台灣，於世界各國除了已經打倒資產階級統治的國家外，

只要世界資本主義未被廢除，則其非法性部分是不可能不存在的。但是這種非法性部分必須在黨本身的組織中與合法性活動部分嚴密結合。在黨組織中，斷不可能將非法性活動與合法性活動分裂行事。也不可將工會及其他大眾團體的合法性鬥爭，放任由其他團體自行推動，而黨僅實行非法性活動。工會、農會及其他大眾團體的合法性活動亦爲黨的活動。但是黨必須以獨立性組織與活動，引導爲建設當面利益而推動的合法性大眾鬥爭，突破其合法界限，指導彼等向革命性鬥爭的地步。這唯有在黨組織中，合法性活動與非法性活動能夠團結始有可能。另一方面，處於現今台灣政治情況下，僅有非法性活動的可能；爲能進行合法性活動，尚有待黨的擴充及大眾鬥爭的發展。再者，亦要使彼等敢於無視法律，突破其規約。凡此者皆有賴於黨組織中非法性活動與合法性活動的結合始有可能。

### 3. 黨的民主集權制的原則

黨乃無產階級一部分的無產階級先鋒隊。因而無產階級的一切要求必須集中於黨內。否則，黨將與無產階級分離。因此，黨的組織勢必建立在中央集權制的原則上。散佈於大眾中間作爲黨一份子的一般黨員的意見及要求，必須正確地反映、集中到黨的中央機關。而黨中央部地統一意見必須貫徹到黨的末端，且經由黨員傳播到大眾之間，這就是民主主義集權制的原則。在組織上加以具體揭示則如下述各項。

甲‧黨的根本方針及黨的一切生活，俱由黨員全體意志、黨員大會或總會決定之。

乙‧有關黨生活的一切必要機關皆由黨員全體意志依選舉形式成之。

丙‧被選舉機關對選舉者應負責任。

丁‧在工場支部之上設有地方性組織體機關，地方性組織體機關之上設有全國性機關。

戊‧下級機關必須服從上級機關，須在黨的統制下行動。

己‧黨內的論爭在尚未由機關決定前應被允許充分討論；唯一旦由機關決定後必須服從其決定而行動。

### （四）中心機關報的分發組織

我們將開始建立黨的大眾性組織之際，工場支部、農村支部也將經此設立。因此，確立機關報的分發組織是組織上的重要任務。在都市依據地域區分，以具有一定戰鬥性的勞動者及貧農來組織分發團體，使工場勞動者、住

宅、農場等發生密切接觸，把機關報及一切黨的文書有秩序地搬進工場、農村中，並將其推廣狀況及文件頒佈效果等，有規則地向指導機關呈報。從事於此種分發工作者，必須給予相當的訓練，且須有組織地參與宣傳煽動等活動。我們經此活動而從他們當中獲得黨員，藉以建設支部的基礎。

### （五）黨的基礎──支部的建設

不管現在的組織情況如何，黨組織之根本必須建設在工場支部之上。從現在的無組織狀態，如能見到黨員周圍出現文件傳閱者地組織，就算是一階段的進步。然而，這也不過是將黨建設在工場支部基礎上的準備而已。工場支部的責任，具體指示如下列各項。

1. 工場廠支部並用合法性活動與非法性活動兩種手段，以兩者之結合組織大眾，集中全力使非法性活動透過大眾鬥爭獲得合法性。

2. 工場廠支部應傾全力於經濟性日常鬥爭，特別是工會的鬥爭。支部員必須站在隊伍前頭取得大眾的信任，進而確保指導性地位。

3. 工場支部當然不限於經濟上的鬥爭，即對日常鬥爭亦應加以指導。

4. 工場支部應直接在未組織工會的工場組織工會，確立其組織，做為大眾鬥爭的舞臺。

5. 在黨的組織與影響下，有組織地將新黨員吸收進黨的組織，實際上甚為容易。故工場支部應努力吸收新黨員。這種工作不獨對自己的工場如此，對其他工場的勞動者也應該進行。此外，為了我們的鬥爭，對於根本性重要產業與大工場，更要有計劃地努力吸收新黨員。

6. 工場支部對於農村貧農的革命性鬥爭的具體發展，應喚起工場勞動者之注意。譬如實際上的宣傳、煽動，工農聯盟等的行動。

7. 工場支部對於國際無產階級革命運動的具體進行，亦同樣應喚起工人的集中注意。

8. 工場支部應與民族鬥爭的小資產階級化趨勢力爭，尤應努力將階級意識轉向民族性連帶意識。

9. 工場支部不應單靠上級機關之命令活動，在黨所決定的根本方針範圍內，支部應能獨立決定其活動。不然黨將無能建設在民主中央集權主義之上，而導致官僚化以至使黨本身趨向頹廢。

10. 工場支部應不斷向上級提出報告，且應充分地將支部的意見反應上級機關。

11. 工場支部對於具有宣傳煽動特殊能力的黨員，要給與能夠充分發揮的舞臺（譬如研究會、討論會、演說會等）

12. 工場支部應發現大眾團體中的密探，將他們暴露於大眾之前，在鬥爭發展過程中征服他們。

13. 工場支部為了對抗警察的鎮壓及反動暴力團，擁護勞動者的利益，應立即在可能範圍內，合法組織勞動者的自衛團。倘若無法予以合法組織時，不得不出以非法組織。而這種團體必得持有武器。當然，這種團體並不是以個人恐怖行為為目的，其基礎應建設在工場內的大眾性組織上。再者，這種團體必須以階級為基礎。

14. 工場支部員不能光靠口頭或意識，必須勇敢、熱誠，並富有行動力；做為無產階級革命政治家，必須保持明確的態度，在行動中使其具體化。不然將無法站在階級鬥爭的前頭指導大眾。且更應鞏固意志克己忍耐，不可陷入小資產階級以標新立異吸引人的神經衰弱症。

15. 紅色救濟會（社會運動犧牲者救濟運動）的組織在工場支部應以工場為單位組織。我們應覺悟在新鬥爭中必將產生為數不少的犧牲者。這些犧牲者及其遺族的救濟已成為重要的事態。但是這種救濟會不應止於單純的救濟性機關，更應成為大眾動員的組織。

工場支部雖以工場為單位而成，惟如工場支部無法容納的黨員密集於小地域時，得組織街莊支部。黨員分散於廣闊地域時，成立街頭支部的準備會，但不應成為街頭支部。船舶支部與工場支部保持同樣的組織，交通產業支部與工場支部亦同。車庫、機關庫組織工場支部，駕駛系統以鐵路為單位。此外支部必須注意如下兩點：

甲‧支部存在的地方，若有農村婦女及勞動者婦女分散情形時，支部應有計劃地針對婦女工作在一定期限內設置婦女部。將婦女從奴隸性地位解放出來，結合於無產階級與全階級的解放運動，成為一支部隊進行活動。不僅要倡導自由，更要高倡婦女的參政權，對於勞動婦女則促使其要求婦女運動之指導權。同時要預防反男性傾向，導引其發展成為階級性運動。

乙‧各支部不能僅止於維持一切進步性的民族運動，必須進一步站在隊伍前頭指導奮鬥。唯有如此，才能使大眾信賴我們的指導，才能將民族運動的指導權掌握在無產階級手中。

## （六）地方委員會

地方委員會應在支部組織擴大後始宜組織。黨雖建設在民主中央集權的基礎上，但在目前由中央派遣的地方組織者負責統轄之任務。

## （七）中央委員會、中央常務委員會及其部門

中央委員會、中央常務委員會原應依據黨員全體的意志，經由選舉而構成。然而，在大會尚未召集前和各部門組成人員一樣，由日本共產黨中央執行委員會任命而負中央指導體之責任。中央常務委員會乃黨的理論性、政治性指導體，統轄黨的經常性全部活動。在中央常務委員會之下設有組織部、工會委員會宣傳部、煽動部等，其他尚有特別委員會——農民政策委員會、婦女運動對策委員會、青年運動對策委員會等。黨的事務屬於常務委員會下面的事務局分掌，黨的會計則應屬於常務委員會。

## （八）共產主義黨團的任務及其構成

黨為了擴大黨的勢力，當黨員存在於大眾團體內時，需要組織共產主義的黨團。共產主義黨團之任務是在大眾團體內部透過大眾鬥爭，站在前頭，擴大共產黨的影響，使其團體確保共產黨的政策。

共產主義黨團的組成方法如下述。

1. 目前存在而與各部階級不相照應的全體性組織的黨團，應予廢止。

2. 大眾團體的組織於工場已有基礎時，或於工場及地域均有基礎時，由地域各個大眾團體的末端開始組織，逐漸向上部擴大組織。此種組織必須由大眾團體的全體組織發起。

3. 黨團與黨的關係。

4. 黨團係黨的從屬性組織，從而黨團的全部活動應經常向黨提出報告。尤以黨的命令或統轄下的活動更須如此。

## （九）黨的財政基礎的確立

黨員必須依規則定期繳納黨費。做為黨的一份子而活動，黨員交納黨費是絕對性義務。黨的財政基礎之確立，端賴黨員按規則繳納黨費始有可能。因此，無故滯納黨費必將紊亂黨的財政基礎，得予以除名處分。

## （十）共產黨的規律

共產黨的規律係全體黨員的組織意志，破壞黨的規律就是破壞黨的組織。是故各黨員對上層指導機關之命令有絕對遵守的義務。若無故不交黨

費，不出席黨會，不服從黨令，破壞黨規，洩露黨內秘密者，立刻無條件開除其黨籍。

### （十一）入黨手續

凡承認黨的綱領及其一切政策，服從黨的命令，遵守黨的規律，希望在黨的組織內加入黨指導下的積極活動者，使其加入於台灣共產黨。

### （十二）候補期

黨必須預防密探及一切投機的不良分子侵入黨內。是故必須訂定一定的候補期間。現在農工分子不需經過候補期間，可以直接入黨，惟知識階級分子等必須經過二個月的候補期間。候補者在黨的會議中有發言權，但沒有議決權。

## 二、共產國際執行委員會遠東局致台灣共產主義者的信（1930年、1931年交替之際的冬季）〔註69〕

### 致台灣共產主義者的信

親愛的同志們：

我們已經很久沒有收到關於你們工作的任何材料，只是不久前得到了一些初步的信息，它們雖然很不完全，但是終究使我們對台灣的革命事件、對台灣共產主義者的活動有了一定的概念，我們極爲滿意地得知：儘管存在日本帝國主義的瘋狂的恐怖，儘管與國際共產主義運動的聯繫中斷了，但是台灣共產主義者繼續在台灣進行了對帝國主義和剝削階級的鬥爭，這一英勇的、革命的鬥爭，在全世界的歷史上具有重要性。然而，我們收到的這些資料，也談到了台灣共產主義運動的某些缺點和弱點。我們應該提請你們注意這些內容。的確，我們不得不保留聲明：在不具備詳盡資料的情況下，我們現在只好預先向你們提出所有這些問題。當然，今後，當我們之間建立起固定的聯繫，當我們能從你們那裡獲得比較完整的信息，我們就能夠就我們的任務、就你們感興趣的所有問題，向你們闡述我們更加具體的、更加詳細的意見。

在這封信裏，我們首先想指出：你們最主要的缺點是缺乏積極性，在某

---

〔註69〕俄羅斯國立社會政治史檔案館／全宗495／目錄128／案卷1，第1～5頁背面。原件，打字稿，俄語。

些情況下，是毋庸置疑的消極被動，這樣的消極被動，存在於台灣革命鬥爭的組織工作及領導工作之中。例如，我們知道，在一些地方，罷工的條件成熟了，比如去年12月的礦工罷工，我們的同志本來有可能領導工人的鬥爭，但是卻放棄領導，將之轉交到黃色工會領導人的手中，使之遭受失敗。我們的一些同志通常主張不罷工，藉口是罷工成功不了。我們還有農民運動方面的相關事例。這些事實證明，我們的同志不發展、不擴大、不組織農民群眾增長中的不滿情緒。而且，某些共產主義者，身爲農民委員會的成員，非但不領導那些單個的農民抗議行動，相反的，扼殺鬥爭中群眾的積極性。

　　我們要求你們關注所有這些事實，目的在於展示：刻不容緩地、迅速地、堅決地克服在組織和領導群眾的革命運動的事業中存在的這些消極因素和機會主義怯懦，是十分重要和必要的。你們應該透徹地瞭解，只有共產主義政黨才是能夠組織和領導群眾革命鬥爭的力量，只有這個政黨才能引導台灣的工人階級和農民，取得反對帝國主義壓迫者和本地剝削階級的徹底勝利。但是這種前景只能在下列情況下才能出現，即：台灣共產主義者擺脫了消極情緒的束縛。反之，如果這項任務得不到解決，那麼台灣的革命運動就會停滯許多年。

　　尤其是，在當今局勢下（不管是在國際革命運動的局勢下，還是在台灣的局勢下），這樣的消極現象都不能得到辯護，不能得到容忍，不能讓它存在。實際上，我們正在經歷的這個時代具有這樣的特徵：國際帝國主義的一切矛盾空前地尖銳。特別是，世界經濟危機爆發並持續擴大，受其影響，上述矛盾激化並深化。一方面，帝國主義列強之間的競爭和矛盾加劇了，新的帝國主義戰爭的危險變得越來越現實、越來越恐怖。在經濟危機的驅使下，國際資產階級爲了重新劃分殖民地和勢力範圍而狂熱地準備進行毀滅性的戰爭。這一事實使世界的整個政治形勢趨於緊張，也使各國勞動群眾面臨新的嚴峻的考驗。另一方面，國際資產階級在尋求擺脫危機的出路時，加強了對工人階級生活水平的打壓。數以百萬的工人群眾被拋向街頭，沒有工作，忍饑挨餓，這一狀況在最近達到了聞所未聞的程度。在各個領域，勞動和資本之間的矛盾都在增長和激化；在所有的國家，首先是工業發達的國家，階級間的爭鬥成爲越來越頻繁的現象，越來越多的工人群眾捲入反抗資本主義剝削的鬥爭，工人群眾的抗議和鬥爭具有越來越堅決的特徵。第三，蘇聯與所有資本主義國家之間的鴻溝加大了。蘇聯的社會主義建設一帆風順、節節

勝利，這一狀況強化了世界各國勞動群眾對蘇聯的好感，加強了蘇聯對世界革命運動的影響力。但是與此同時，蘇聯社會主義建設的成就，也因此而招致國際資產階級的仇恨和極度恐慌。國際資產階級不能容忍蘇聯存在於世界這一事實，特別是現在，蘇聯展示了自己的非常的成功，可是所有的資本主義國家卻陷入劇烈的、越來越深的危機。不久前在莫斯科對所謂的「工業黨」進行的審判，清晰無比地顯示了國際資產階級為了武裝干涉蘇聯（國際社會主義的中心）進行的準備，以及對佔據巨大的俄羅斯市場（在目前的危機局勢下，這個市場對國際資產階級是必不可少的）懷有的熱望。

最後，在評估目前國際形勢的時候，必須指出：帝國主義國家與殖民地國家之間的矛盾在增強。在這裡，世界經濟危機迫使資產階級進行瘋狂的壓迫、并加強對殖民地國家的剝削。當然，這不能不導致殖民地國家、附屬國的勞動群眾進一步反抗所有的帝國主義壓迫者、進一步發展自己的革命運動。正是在近些年裏，在被壓迫的東方各國，革命運動出現了未曾有過的、轟轟烈烈的發展。印度、中國的革命、解放鬥爭在發展。黑人國家和東方阿拉伯國家，也被吸引到反帝革命鬥爭的洪流之中。但是，中國的革命運動取得了特別的成就。（在這個國家）無產階級組織和領導的農民戰爭，在蘇維埃的旗幟下發展。英勇的中國紅軍在與帝國主義、中國資產階級、地主反革命陣營的聯合勢力進行的殘酷鬥爭中，一個縣一個縣地把勞動群眾從帝國主義者、軍閥、地主施加的長期的剝削壓迫中解放出來。

在殖民地國家的革命鬥爭的沟湧高潮中，你們的國家並不是例外。日本帝國主義在世界大戰中大大地鞏固了自己的地位，現在，像其他資本主義國家一樣，也在經歷劇烈的經濟危機。在日本，如同在其他國家一樣，伴隨這場經濟危機的有以下現象：失業人數增長，對工人階級的經濟壓迫和政治壓迫加劇，軍備增加，對它的殖民地的壓榨、對附屬國裏它的勢力範圍的壓榨增強了許多倍。在這些殖民地中，就有台灣。在台灣，日本帝國主義利用其獨享的統治，系統地惡化工人階級的狀況，增加勞動群眾的納稅壓力，放肆地把原住民從他們耕作的土地上趕走，使之陷入飢餓而死絕。日本帝國主義公開地、無恥地掠奪台灣的農民，逼迫他們把自己的勞動產品出售給日本資本家，其售價甚至不能抵償農民在這些勞動產品上付出的最小花費。與此同時，日本帝國主義把灌溉日本資本家的種植園所花費的開銷，轉嫁到農民的頭上。在追逐新的利潤源泉的時候，日本帝國主義加強了對台灣勞動群眾的

剝削，要他們補償自己在經濟危機的過程中遭受的損失。另一方面，爲了準備新的帝國主義戰爭，日本帝國主義在搾取台灣巨額財富的同時，又運用這些財富把台灣建設成爲戰爭基地。自然而然，日本帝國主義施加的這場兇猛的掠奪和剝削，將喚起台灣勞動大眾奮起鬥爭，並將導致革命不可避免地爆發。

如此一來，國際革命環境，就像台灣本地的形式一樣，向你們提出了這樣的要求：以最大的積極性，動員和組織最廣泛的台灣工農群眾，使之處於你們的領導之下。你們應該組織群眾，去反對威脅全世界的帝國主義戰爭。你們應該阻止日本帝國主義準備未來戰爭的步伐。你們應該宣傳蘇聯社會主義建設的成功，應該組織台灣的勞動群眾，去反對武裝干涉蘇聯的帝國主義企圖。你們應該組織群眾保衛中國的蘇維埃運動，保衛印度革命，保衛中國革命。你們應該團結台灣勞動群眾，爲消滅帝國主義對你們國家進行的壓迫和剝削而鬥爭。複雜的極其緊張的國際環境現在把這樣的任務置於你們面前，你們應該發揮出你們最大的能量和積極性，以便勝任這些任務。只要這樣做，你們與世界革命運動將步調一致，你們的鬥爭將國際無產階級、殖民地被壓迫群眾的鬥爭聯合在一起。

爭取群眾，使之站在你們一邊，這應該成爲你們的主要任務。你們應該最人限度地向台灣的勞動群眾擴散你們的影響，在組織上鞏固這一影響。把勞動群眾團結、組織、聯合在自己的周圍，這樣，你們就能夠在準備充分的條件下，迎接與日本帝國主義的決定性戰鬥，並且能夠領導台灣的反對帝國主義的土地革命。

這場革命不可避免。只有這場革命能夠摧毀日本帝國主義的統治；只有通過革命，台灣才能達到完全充分的、不折不扣的經濟獨立和政治獨立；只有革命才能消滅地主的土地所有制、消滅一切封建殘餘——這些封建殘餘得到了日本帝國主義的支持，並與日本帝國主義有千絲萬縷的聯繫；只有革命才能使台灣工農群眾的狀況得到根本的改善。就其特徵來說，台灣的這場革命首先是反帝革命和土地革命，它將在台灣的勞動群眾面前，開闢道路、展示前景——爲社會主義這一社會關係的最高形態而鬥爭。

這些決定性戰鬥的結果、即將來臨的台灣革命的格局，將取決於你們現在掌握和組織勞動群眾的程度。對此，有沒有客觀的可能性？是否存在把群眾爭取到共產主義政黨方面的前提條件？毫無疑問，答案是肯定的。台灣勞

動群眾不滿情緒的總增長說明了這一點，台灣諸多地區的一連串農民講演會，不久前臺中發生的暴動證明了這一點。一些企業裏工人連續不斷的經濟罷工和政治罷工，有說服力地指出了這些可能性。你們瞧，前提條件是存在的。所有的問題在於：你們是否善於利用對你們大體上有利的條件。

這場鬥爭需要你們的最大積極性。你們要對日本帝國主義的每一次暴力行為做出反應，你們要燃起仇恨，擴大勞動群眾反對帝國主義壓迫者的鬥爭。為了組織群眾反對他們的階級敵人，你們應該利用工人與資本家之間的、士兵與軍官之間的、農民與地主之間的所有衝突。你們應該基於日常的經濟鬥爭、政治鬥爭，把群眾爭取到你們一邊，把他們的鬥爭提升到最高水平。

你們應該把群眾從關於工農鬥爭的局部口號，引導到我們黨在革命新階段即將來臨之際的主要口號上來。這些口號如下：

1. 摧毀帝國主義統治，沒收日本帝國主義者地企業，台灣在經濟上、政治上完全獨立。

2. 無補償地沒收地主的土地，分給農村的貧農和中農。

3. 消滅高利貸和一切封建殘餘。

4. 消滅帝國主義者的政權和本地地主資本家的政權，建立工農蘇維埃的政權。

5. 消滅帝國主義者徵收的所有苛捐雜稅。

6. 8 小時工作日；社會立法；工人階級狀況的根本改善。

7. 各個階級的工會享有組織、活動的自由。

8. 保衛蘇聯——國際無產階級、所有被壓迫國家勞動大眾的祖國。

9. 與國際無產階級的革命鬥爭、首先是日本無產階級的革命鬥爭建立兄弟般的同盟，以反對共同的敵人——日本帝國主義。

10. 保衛印度革命，保衛中國的蘇維埃運動，保衛所有殖民地半殖民地國家勞動者的革命鬥爭。

你們應該以所有的口頭宣傳和書面宣傳向群眾解釋這些口號，把群眾緊密地團結在一起，鼓動他們以這些口號為指南進行鬥爭。顯而易見的是：你們如果不把自己的實際上人數不多的小組，變成牢固的、緊密團結的、在思想上堅定不移的共產主義政黨，那麼你們要想掌握群眾就會力不勝任。你們應該嚴肅認真地從事黨的建設。你們擁有的人員遠遠不夠。你們應該最大限度地吸收新黨員，首先吸收工業領域的工人、鄉村貧農。你們應該投入特別

的力氣於這一工作：把工人農民中的先進分子、罷工運動、農村抗議行動的積極參加者、組織者，吸收入黨的隊伍。你們應該在每一個企業，首先是那些最大的企業，把黨支部建立起來。這些工廠企業的黨支部應該成爲你們的主要基礎，應該成爲推動同志們從事積極的領導工作的基本源泉。同時，你們應該建立堅強的地方委員會，這些委員會應該眞正有能力在你們國家相應的地區和州，領導群眾鬥爭。你們應該千方百計地擴展口頭宣傳和書面宣傳，對所有最重要的政治事件做出回應，提出具體的、群眾能夠領會的口號，這些口號應該眞正能夠在革命鬥爭中把群眾聯合起來。對宣傳工作，對培訓黨的年輕成員，應該予以特別的注意。我們認爲，你們極有必要著手機關刊物的出版發行。在困難的條件下，這個機關刊物應該能每個月出版 2 期或 1 期。但是必須堅持這樣的方針：把它變成每日發行的黨的群眾性的機關刊物。在宣傳我們的基本口號時，這個機關刊物應該成爲群體的組織者和勞動群眾的領導者。在規劃和開展你們的工作時，重要的是嚴格遵守所有的秘密工作條例。關於這一點，已經沒有必要提醒你們了。

　　在黨的建設之後，你們面臨的任務是：發展工會運動，在工會運動中鞏固你們的領導作用。根據我們獲得的信息，你們近來大大弱化了自己在工會運動中的地位；在工會分裂以後，更是如此。你們應該採取措施，鞏固業已存在的赤色工會，在沒有赤色工會的行業建立新的赤色工會。這項工作不可從組織純粹的上層機構開始，而必須從下層、從企業入手，這樣就能確保我們各個工會的實際能力和穩固性。另一方面，你們應該派出專門的同志前往黃色的、有一定規模的工會，進行分化瓦解，把群眾爭取到我們這邊。

　　只有建立了共產主義黨團，只有這些黨團準確地按照指令（應該由我們黨的委員會頒發）開展行動，我們對工會運動的影響和領導才能得到保障。在工會運動中，我們的基本方向和我們的基本任務應該是：作爲工人階級罷工鬥爭的發起人、組織者、領導者。

　　正是這一任務的順利完成，可以體現出你們對工人階級和工人運動的影響力度。談到工會運動中的各項任務，我們認爲必須強調：把農業工人組織起來，特別重要。農業工人的鬥爭在台灣起了非常重要的作用。

　　最後，根據你們的資料來判斷，在組織和領導失業者方面，你們至今沒有開展任何活動。你們應該盡快地消除這個疏漏，成立專門的失業者委員會，通過這個機構在失業者中開始系統的工作。我們不一一陳述這些以聯合

失業者而提出的口號，因爲你們應該已經從一封專門的信函裏得到了它們。

在你們的所有群眾工作中，確立和善於運用各種各樣的合法形式和可能條件，具有極其重要的意義。例如，針對工人，建立各種形式的夜校、星期天學校；針對女工，建立專門的訓練班以提高其技能；還可成立俱樂部、閱覽室、體育組織、食堂、茶館等等。建立了這些點，你們就有了通向工人群眾的孔道，這樣，儘管存在警方的恐怖，你們仍然可以與廣大的工人階級群體保持聯繫，並對他們施加影響。

現在把話題轉向你們在農民運動方面的任務。我們已經知道，在台灣，農民組合已經存在了好幾年，農民組合的鬥爭具有一定的革命傳統，這在很大程度上減輕了你們在農民運動方面面臨的所要完成的任務。你們應該用農民組合這張稠密的網，覆蓋整個台灣。與此同時，必須借助於這些組合，有組織地掌控全體貧農和中農，把個別農民組合的零星分散的鬥爭聯合起來，對全體農民運動進行集中領導。你們要爲滿足局部要求開展鬥爭，諸如減少稅額、降低租金、拒絕支付灌溉費（被灌溉的是屬於日本帝國主義的植物園）等等；在這些鬥爭中你們應該把最廣大的勞動農民團結在共產黨的周圍，把他們的鬥爭和工人階級的鬥爭聯合起來，在主要的革命口號之下，逐步向政治鬥爭的最高水準提升。同樣，你們應該制定專門的、具體的口號，派遣人員，在反對日本帝國主義的原住民部落的鬥爭中建立聯繫，加強我們的領導。

現在談反對帝國主義的運動。反帝運動吸引了越來越廣泛的群眾——工人、農民、原住民部落、城市貧民、小資產階級。爲了促進反帝運動的進一步發展，你們應該鼓足力量，建立反帝同盟。我們知道，所謂的台灣文化協會在過去的反帝鬥爭中發揮了一定的革命作用，並且在一定程度上繼續領導著台灣的反對日本帝國主義的鬥爭。不過，儘管這個組織包含工人農民，甚至其領導層中有一部分他們的同志，但是，它畢竟是一個小資產階級的組織，不能保證在足夠的程度上與日本帝國主義進行正確的、徹底的鬥爭。你們應該採取措施，把這個組織變成反帝同盟。不管你們成功還是失敗，你們都應該首先在工會和農民組合的幫助下，在所有的革命群眾組織的基礎上，建立前面提到的「反帝同盟」，這個「反帝同盟」應該依據國際反帝同盟歷次大會的綱領和最新的決議進行活動。如果台灣文化協會不願接受「反帝同盟」的方針，那麼你們應該力求分化這個組織的成員，使其中所有先進的、具有革命情緒的成員，尤其是身爲工人農民的那些成員，轉到你們建立的反帝同盟

這一邊。你們應該在所有的企業、所有的地區、所有的村莊建立數量眾多的反帝同盟的支部；你們應該借助把共產主義者組織到各個黨團這一方式，在反帝同盟的活動中保障影響力和領導地位。

在結束這封信的時候，我們還希望你們關注這項任務：組織青年工人、青年農民的鬥爭。我們知道，過去，台灣曾經存在勞動青年的革命組織；順便說一句，當今幾乎所有的黨的工作者都出自這個組織。然而遺憾的是，我們一點也不知曉當今台灣是否存在共產主義青年團組織。在我們得到的資料中，對它隻字不提。如果沒有這個組織，就必須立即著手成立它；如果這個組織已經存在，但是弱小，你們就應該給予最大的幫助，去促進它的各項活動。切記：共青團，除了組織工農青年中的一部分先進成員，除了領導青年（黨的後備軍）的經濟鬥爭和政治鬥爭，還應該在反對帝國主義的鬥爭中，在瓦解日本帝國主義軍隊的工作中，發揮極為重要的作用。

還必須著手組織女性勞動群眾，首先是女性工人和女性貧農；著手領導他們的政治鬥爭和經濟鬥爭。

實際上，這就是我們曾想在第一封信裏對你們闡述的問題。我們等待你們以後的信息，我們希望這些信息包含：對我們這封信的意見；關於台灣政治狀況、經濟狀況的更詳細的報告；關於革命運動；關於你們的活動。

我們向你們提出了一系列極為困難、極為複雜的任務，但是我們相信：你們將動員所有的力量，開展積極地活動，提升台灣勞動群眾的共產主義先鋒隊的戰鬥力，成功地處置放在你們面前的各項任務，以此保障台灣革命運動下一步向前發展。

致以共產主義的敬禮！

第一頁的上方蓋有印章：「1162*13.APR.1931」。

## 三、共產國際致台灣共產主義者的第二封信的草案

（1932 年 9 月）〔註70〕

### 給台灣共產主義者的一封信（草稿）

1. 自從我們給你們最後一封信（1930 年）之後，所發生的各種事件中對你們有直接影響的，最重要事情有如下幾項：第一，蘇聯的社會主義建設取

---

〔註70〕俄羅斯國立社會政治史檔案館／全宗 495／目錄 128／案卷 1，第 128～144 頁。原件，打字稿，英語。

得重大成就，中華蘇維埃取得空前成長，目前已發展到廈門；其次，日本帝國主義對中國人民與蘇聯發動的掠奪與反動戰爭；第三，日本與台灣的經濟危機日益尖銳化，此一趨勢並已轉化為政治危機，這種危機表現在日本統治階級的紛亂不安與瓦解之上；第四，台灣勞動民眾的加速貧窮化，工人、農民與原住民革命鬥爭趨勢增強。因此，台灣的反帝國主義與土地革命的客觀條件，無疑正在成熟中。

在這種有利於台灣革命的情況下，卻出現一種極為突出的對照事實，那就是台灣共產主義者幾乎完全沒有能力來領導這個有利革命情況的發展。換言之，就是你們在台灣還沒有一個強有力的共產黨。基於這樣的事實出發，我們可以得到如下的結論：台灣共產主義者最急迫的優先任務，就是要把共產黨建立在布爾什維克的群眾基礎之上。很遺憾我們必須在這裡再次重提這件事情。

2. 為何會有這樣的拖延呢？我們在此應該坦率指出，主要原因在於台灣共產主義者低估了獨立的無產階級革命政黨角色與它存在的必要性，以及他們對於組織共產黨一事的消極或膽怯態度。另一個原因，則是他們的高層之間發生一系列無原則的派系鬥爭，導致了能力癱瘓。台灣共產主義者首先應該經過自我批判及肅清他們隊伍的此種人物，大膽克服這種小資產階級的取消主義與膽怯傾向，並立即組織鞏固一個真正的布爾什維克中心，再由這個中心建立思想與組織的團結，以及將該小組引導成為通過領導勞動群眾鬥爭的群眾基礎所成立的共產黨。

台灣共產主義小組的一個重要弱點，是它在工廠與種植場都沒有堅實的基礎，因而它的多數組織成員屬於小資產階級，而這一事實又反映於台灣共產主義運動的整體趨勢與政策之上。共產主義者最為優先的任務是，大膽吸收接納革命的工人、農業工人與貧農，並在黨內總是保持工人階級較大的比重，因為他們已經在日常行動中展現階級鬥爭的不妥協性，展現了他們對共產革命的決心、真誠、忠心以及黨的鋼鐵紀律的遵從。沒有這種無產階級的骨架，就完全不可能有無產階級政黨的存在。組織的努力重點放在大型工廠、鐵路、港口與大種植場等之上。

台灣共產主義者除了加強非合法性組織機構，並防止領導組織與同志曝光，同時也需全力推動組織合作社、體育組織、俱樂部、文學小組與戲劇聯盟等合法性工農組織與集會，共產主義者在這些組織中必須發揮積極主動的

作爲,確保與群眾之間的緊密聯繫,擴大他們的合法活動並強化他們的影響。

在當前,也就是黨的組織依然薄弱且處於嚴格的非合法狀態下,黨的刊物將扮演特別重要的角色。中央的刊物必須以最佳的人員來負責編務,刊物的編輯基本政策,則由中央委員會指導。黨的刊物內容不能像過去一樣,好像都是在專門刊物抽象與艱深的理論文章。黨的刊物要報導影響群眾最深的現存重要問題,而且需以具體的事實來說明這些問題的原因與影響,向群眾清楚展示黨對這些問題的積極政策,向他們清楚指出正確的行動路線,並激發群眾行動等。

3. 台灣共產主義者的另一項任務,是要集中力量來進行反日本帝國主義掠奪戰爭的決定性戰鬥。我們主要的努力必須集中於激發並組織廣泛群眾,以達成領導擊敗日本帝國主義的這場戰爭,來消弱、動搖擊潰日本的君主主義者與軍事力量,並將戰爭轉化爲內戰——也就是台灣人民的解放戰爭。

爲達成這個目的,共產主義者首先必須竭盡一切方法來暴露這場戰爭的帝國主義與反動特質,並在群眾面前解釋日本的這場戰爭目的,是要將血腥的日本帝國主義殖民政策拓展到中國,是要軍事干預世界勞動群眾的祖國,以及如果日本這次掠奪還遠征獲得成功,將會加強日本力量並擴大日本帝國主義對台灣人民的剝削與壓迫。向群眾指明這場戰爭的進行是以台灣人民的負擔爲代價,而且日本政府早已將巨額的戰爭費用加諸他們的肩上。

共產主義者必須與日本政府和台灣資產階級的沙文主義巧言惑眾和宣傳對抗戰鬥,更要堅持不懈的暴露背叛出賣群眾利益與阻礙群眾鬥爭的民族改良主義者與社會改良主義者公開或暗中支持戰爭的事實。

共產主義者也必須強力宣傳蘇聯社會主義建設的成功、蘇聯的和平政策、中國紅軍的勝利、中國蘇區農民的偉大成就、以及日本歌名工人在日本共產黨領導下英勇反對戰爭的戰鬥等。

台灣共產主義者不應該將他們的工作只局限在宣傳上;他們還必須運用自下而上建立統一戰線,來組織群眾反對戰爭。

我們反對戰爭的主要武器是群眾行動,例如像是群眾集會、罷工、破壞、示威等,這些活動將被發展成大罷工,並進而轉化成爲武裝起義。

共產主義者還需特別努力於鐵路、船舶、港口、以及在飛機場與軍事道路的修建工程中組織罷工活動。

以日本在台灣的部隊都是日本人爲理由,而宣稱軍隊的工作屬於日本人

而不是台灣共產主義者任務的說法，是最危險的失敗主義。進行在臺日本海陸軍人員的工作，是台灣共產主義者的責任，你們必須與日本共產黨合作來進行這項工作。他們必須支持陸軍士兵與海軍水手改善生活條件的立即要求，以及取消紀律懲罰、准許閱讀任何報紙、給予政治權利、成立士兵委員會以及維護軍人家屬生活等的要求。共產主義者需組織、擴大並領導士兵爭取這些要求的戰鬥，並將他們引導到反叛他們的軍官與他們的最高司令——天皇。

在進行日本軍人與青年工作時，必須與日本共產黨及日本共產青年同盟保持密切的聯繫與合作。我們建議在台灣成立一個由雙方代表組成的聯合委員會。

4. 反對帝國主義戰爭的鬥爭、反對以反革命方式擺脫危機的鬥爭、以及為推翻日本帝國主義者對臺統治的鬥爭要能獲得成功，只有通過動員最廣泛的工人、農民與城市貧困者大眾，協調他們之間的群眾活動才能達成。這些只能通過對於在工廠、工會、農村與部隊的群眾工作，組織勞動群眾為他們的切身利益戰鬥，並領導工人罷工與農民及城市貧困者的鬥爭，進而將社會大眾的信心與支持贏取到我們這邊來才能達成。台灣共產主義者應該認識到，他們為社會大眾立即需求的鬥爭，是所有勞動群眾與被壓迫群眾反對帝國主義與戰爭的一般鬥爭所不可分的一部分。

共產主義者必須掌握運用公認的所有不滿與需求，不管這些不滿與需求是如何瑣碎或不具有革命特質。共產主義者之所以能取得對群眾的影響，靠的是組織與領導這種平凡的群眾戰鬥。台灣共產主義者必須通過所有的行動來讓工人階級知道，共產黨是台灣工人階級堅定可靠與自我犧牲奉獻的戰士，其他的民族政黨只是日本與台灣資產階級的運用武器而已。

共產主義者應該運用工人的共同口號以及不同工廠地個別口號，來激發工人群眾，來組織並領導他們投身於勝利戰鬥。我們的主要戰鬥形態為罷工委員會，這是由革命工會發起，而由個別工廠的所有職工所選舉組織成立的，其工作在於準備與領導罷工。我們的革命工會與反對者應該採取主動並領導這種運動。通過罷工委員會的組織成立，罷工活動的獨立領導才能獲得確保與維持。去年我們在臺北印刷工人罷工行動中的領導工作失敗，在最後階段中罷工遭「工友總聯盟」的改良主義領導人背叛，是因為台灣共產主義者未能成功運用這種戰術所造成。我們應該全力向工人宣傳罷工委員會的必要性

與任務，並應該在罷工中全力促成它的成立，以對抗背叛的領導人。

　　當日益加深的經濟危機導致成千上萬的工人從工廠、港口與種植場被丟棄到街頭，當城市與農村到處是失業者的情況下，在他們之間進行革命工作是極為重要的任務。

　　台灣共產主義者的主要任務是為這些失業者提出具體的要求，並將他們的要求與在職工人的要求及中心政治口號結合。由所有的失業者選舉組成組織群眾的組織時，不受他們原本所屬的政黨、工會或出身民族的限制。對失業者工作的主要目的不單是抽象的鼓舞煽動或組織示威抗議活動，而是將這些成千上萬的失業者引導組織到我們的領導之下，領導他們來與工廠工人結合，一起來為他們的要求戰鬥，一起來打擊日本帝國主義與它的走狗僕人。

　　工會問題是台灣諸多問題中一個最重要與最困難的問題。台灣的工會問題主要特質有：第一，多數工人沒有參加工會組織（僅 9%的工人參加工會），特別是在製糖、鐵道、礦場與種植場等重要產業的工人，長期以來都一直沒有工會組織，而現存的工會「工友總聯盟」與「工友協助會」的會員，大多為手工工人或是小工廠工人；第二，多數參加工會的工人（超過 90%）都在右派或中間派的改良主義工會，也就是「工友總聯盟」（9000 人）與「工友協助會」（3000 人）的影響之下，而非合法的「赤色工會」與改良主義工會內的反對工人們，在組織力量與政治重要性幾乎都是無足輕重。從以上這兩大特徵事實，我們可以得出共產主義者在工會運動上的急迫性工作任務為：第一，將大企業中的非工會群眾組織到受我們影響的合法獨立工會（在黨團領導下，既有的赤色工會成員將在這項工作中擔任主動積極的領導角色）；第二，將改良主義工會裏具有戰鬥性的成員，結合為具有反革命特性的反對勢力；第三，以具體行動綱領為基礎，來發動並組織與改良主義工會會員的聯合鬥爭，特別是其中的左派改良主義工會成員，並要領導由下而上團結各個零散工會的工作。所謂革命的工會必定稱自己「赤色」，並強迫所有成員都「加入國際赤色工會組織」，以及接受其他革命口號，這是一種完全錯誤的觀念，這種觀念只是一種幼稚的極端主義而已。革命的工會是一個讓所有工人都可以加入的群眾組織，只要這些工人願意通過對資本家與他們的奴僕、以及背叛工人的工會領導人戰鬥來改善生活條件的工人都可以加入，而不必去計較他們的政治觀點。革命工會與改良主義工會的差異，並不在於名稱或是加入「國際赤色工會組織」的條件，而是在於革命工會是為工人來進

行鬥爭，而改良主義工會是公開或是暗中出賣背叛工人的利益。

5. 台灣革命的成功，主要是看無產階級是否能在革命戰鬥中確保並維持與農民不被破壞的團結，以及共產黨能否和諧的結合土地問題與民族革命、將農民群眾置於其領導之下，並引導他們支持推翻日本帝國主義與建設工人及農民的蘇維埃政權的戰鬥。在農業工人與貧下中農之間的工作，是台灣共產主義者的中心任務之一。（這個工作的內容包括：）接納並領導農業工人與貧下中農來為具體而立即的要求戰鬥，將農民群眾組織到戰鬥性群眾組織，並將這些戰鬥發展為反對日本人統治與沒收大地主土地的群眾革命暴動。

6. 共產主義者應該根據這些需要來動員廣泛的農村群眾，領導地租爭議，組織群眾集會、示威，組織群眾拒繳地租賦稅，組織群眾反對土地與作物沒收與反對「業佃會」。根據農民經驗組織聯合耕作，也只有對日本壓迫者、地主與高利貸業者展開無情的鬥爭，才能確保他們減輕經濟危機所帶來的沉重負擔，並解決他們渴望耕地的問題。「業佃會」是日本統治者與地主手中一項強力武器，是他們用來欺騙農民以及以強制仲裁來粉碎農民鬥爭的慰藉。

在這些鬥爭當中，工人及其當前應該採取主動並給予積極的支持，通過派遣工人組織者到農村、支持農民爭議、組織群眾集會與示威等來支持農民的各種鬥爭活動。

台灣共產主義者的力量微弱，是因為他們機會將自己的戰鬥局限於既存的農民組合活動，而這些農民組合只占農民群眾非常有限的一部分，活動限度也僅止於地租鬥爭，這只是農民眾多要求的一部分而已。共產主義者應該勇敢將受到帝國主義與半封建重擔的廣大農村群眾的所有需求全部提出來，不僅僅是地租的問題，而是包括拒還貸款、拒繳賦稅以及作物的種植與收穫自由等在內的所有要求。

隨著農民要求鬥爭的擴大，戰鬥組織也應該隨之擴大，不應該繼續局限於農民組合。其他地方的實際經驗已經證實，以日本為例，其最佳的組織形態是農民行動委員會。這是一個由農業工人、貧農及中農選舉在追求影響廣大農村群眾的各種立即的與具體的要求中成立的群眾組織。它不是像農民組合一般的固定化組織，而是一個能夠根據鬥爭目標與形態保持彈性與變動的地區群眾動員組織。台灣共產主義者的立即性任務就是要宣傳這種農民委員會角色的重要性，並積極主動來組織大規模的農民委員會。

農民委員會的組織成立並不表示農民組合沒有任何的助益功能。相反

的，它必須通過吸收先進農民予以強化，也必須在組織農民委員會與一般的農民鬥爭上扮演領導的角色。不過強調全國農民組合中心的政策必須改變，因爲根據其他國家經驗，這種中心很容易會淪爲富農、中農與改良主義領導的影響下，不是很容易變成小資產階級的反動政黨，就是變成民族改良主義的操縱武器。我們的工作需集中於最基層的組織，也就是農村支部，因爲農民在這裡實際受到地主的剝削，也是農民鬥爭發生的地方。

同一時間，我們必須設法改變現有農民組合的成員組成，目前農民組合的貧農比重較小，爲確保貧農在農民組合中的領導地位，這種成員組成有必要加以改變。我們應該勇敢吸收下階層農民，全面支持保護他們的要求，並領導他們鬥爭。

台灣共產主義者需明確知道，這些農村工作的成功只有通過組織並強化以農村爲基礎的黨支部才能達成，這種黨支部是農村的政治中心領導。放棄組織黨支部，只通過農民組合中的黨團來執行所有的黨工作是不正確的做法。

7. 共產主義者應該特別努力來領導勞動婦女與勞動青年鬥爭，他們都將在反帝國主義運動中扮演重要角色，勞動婦女的革命組織應成立在黨組織內，勞動青年則應該組織在共產青年團內。

共產主義者之間存在一種低估原住民在民族革命運動中的角色、以及對於必須與原住民組織反日本帝國主義統一戰線無知的傾向。他們未曾努力接近這些在台灣最受到壓迫的人民，來試圖領導他們的鬥爭，來贏取他們的信任，或是將他們組織到我們的影響之下。直到現在，他們的戰鬥依然是孤立的，沒有得到其他民族的無產階級或農民的援助。這種情況應該徹底改變。由於原住民曾受到日本人與台灣資本家及地主的長期屠殺、詐騙與剝削，想要與原住民合作、以革命信念教育他們、或是將他們組織、吸引到反日本帝國主義的革命戰鬥的共同戰線並不是件容易的事。不過，我們必須認清原住民在霧色革命事件中對台灣人所展現的一項友善信號（他們殺的全部是日本人，而不殺台灣人）。堅忍、積極、友善與眞誠的努力將可以贏得他們的信任與支持。爲達到這個目的，共產黨應該準備訓練特別的同志，並將他們派遣到山區，來對這些原始部落的人民進行基本教育，將他們組織爲騷擾打擊日本警察與軍隊的游擊部隊。

8. 反對各種民族改良主義者的鬥爭是台灣共產主義者的一項重要任務。現在有兩個這種民族改良主義者的組織：「地方自治聯盟」以及遭鎭壓的「民

眾黨」。

「地方自治聯盟」是由大的民族資產階級與地主所組織及代表他們的一個政黨，與日本帝國主義的利益完全不相衝突。他們要求在日本帝國主義控制下進行地方管理制度的小幅改革，但不提出以全台灣為目標的自治要求。該聯盟不只不反對日本的統治，而且基於在日本當局保護下持續加強他們剝削工人與農民的目的，還積極公開的支持日本統治。正當所有的革命組織與革命刊物遭受嚴重打擊鎮壓之際，「地方自治聯盟」享有完全的自由，而且擁有一家合法發行的日報。它是台灣貧困人民的公開敵人。

「民眾黨」是由中小資產階級與地主所組織的政黨，由於他們從日本帝國主義所得到的寵愛不及上層資產階級，因此他們要求分享更大的利益和政治自由。民眾黨從未要求台灣人民自日本帝國主義的完全解放，只要求對日本專制政治的議會改革，並以這種要求來將群眾的革命要求導入歧途。民眾黨已被當局所解散，不過它在工人群眾之間仍有一定的影響力。這個民眾黨是台灣革命最危險的敵人，不只因為它領導多數的組織工人，還因為它試圖用「激進」與「左派」等詞匯來欺騙群眾，卻將革命運動局限在合法的議會改良主義範疇之內。

前述這兩個改良主義政黨都只在統治階級給予的範圍內才執行他們的任務。我們必須對他們展開一場堅決持續的戰鬥。我們必須向群眾清楚解釋他們是日本帝國主義在台灣的強力支持者，如果不掃除他們在勞工人民之間的影響力，就不可能推翻日本統治。我們必須在群眾面前無情的揭露他們對台灣人民利益的背叛與罪行，讓群眾知道他們都是台灣人民的「蔣介石」，是台灣人民的敵人。我們在批判他們時必須注意，就是要以群眾日常生活所經歷的具體事實，而不是抽象的政治理論來向群眾證明他們的邪惡本質。同時，我們卻也不應該忘記這兩個政黨之間的差異與分工。現階段我們應該集中火力打擊最危險的敵人（民眾黨），並有組織有系統的來清除它在工人與農民之間的影響。

台灣有一個叫「文協」的組織，過去它曾在促進工人與農民運動上扮演過或多或少的重要角色。現在該協會主要是由城市貧困者、知識分子與部分工人與農民所組成。不過因為下面的情勢變化，已讓文協喪失了獨立存在的意義：首先，該會已變成一個沒有群眾基礎的小資產階級組織；第二，工人與農民已有屬於他們自己的工會與農民組合組織；第三，工人階級建立了他

們的獨立政黨——共產黨。這使得文協面臨了未來何去何從的十字路。

我們的同志們對於文協的未來命運大體上持兩種看法。一種看法認為文協應該轉變為一個追求小資產階級利益的組織。這種主張不只錯誤而且非常危險，因為文化協會若真的轉變為小資產階級組織，必然淪為如同自治聯盟或民眾黨一樣的日本帝國主義工具，只是增加反動陣營的力量而已。

台灣共產主義者必須清楚認識：小資產階級的利益將通過類似租者同盟、合作社與降低物價與電費運動等的特別組織或運動來達成，而小資產階級所具有的民族解放精神，將由共產黨領導的反帝國主義群眾組織來保持與發展。

其他同志則提出另一種看法：文協現在應該立即轉變為反帝同盟。當然這等於是說一步就將問題加以正確解決。不過這依然是錯誤的看法，因為這等於是要將反帝同盟建立在現有的狹隘基礎上，而不是更廣泛的群眾基礎之上，等於是要將反帝同盟建立在小資產階級而不是無產階級與農民之上。反帝同盟是一個結合所有願意與日本帝國主義展開持續積極鬥爭力量的統一戰線組織，「這種鬥爭沒有妥協的餘地，不達到台灣完全獨立絕不終止。」

在具體的問題方面，例如像是逮捕、槍殺或欺凌台灣人、屠殺原住民、軍事佔領滿洲、轟炸上海以及派遣軍隊逼近蘇聯邊境等，反帝同盟應該動員最廣泛的群眾來進行群眾活動、示威與抗議，並支持帝國主義的受害者等。為確保群眾基礎，同盟需在工廠、農場與村落等建立基礎。共產黨則應該通過黨團領導反帝同盟工作並保障無產階級在這個運動中的領導地位。

這種反帝同盟組織的成立是極端重要與迫切的工作，因為這種反帝同盟將在民族解放運動中扮演重要角色，它將成為共產黨革命鬥爭的群眾基礎。台灣共產主義者需全力促其成立。

毫無疑問，這樣的群眾組織不可能只由既存的文化協會改組來成立，而需由更廣泛的群眾基礎來建立。而既有的工會與農民組合將是掌握群眾的第一個立即據點。文協將在建立、組織這個同盟過程中扮演積極的角色。最終文協將被這個新的群眾組織所吸收。

這個組織必須是合法的，其國際名稱則不必堅持叫「反帝同盟」。在成立過程中需謹慎技巧的運用相關戰術。

9. 台灣無產階級在國際革命運動中居於特殊的地位。台灣共產黨需通過組織共同鬥爭、成立聯合委員會、交換代表、與相互支持的方式，來與日本共產黨建立緊密聯繫。在與中華蘇維埃的關係方面，他們必須組織廣泛的群

眾活動來支持中國人民的革命鬥爭，派遣工人與農民代表到中國蘇區，並對中國蘇維埃的勝利展開有力的宣傳。

在與東方各國勞動群眾團結的同時，台灣的無產階級也應該與蘇聯的無產階級建立堅強的團結關係。他們必須大力宣傳前帝俄時代各個被壓迫民族的完全解放，這些民族在蘇維埃共和國的政治與經濟生活徹底改善，社會主義建設的偉大勝利，並組織群眾鬥爭以保衛全世界所有被壓迫民族的蘇聯，因為它正面臨世界各國的帝國主義者武裝干預的危險，特別是來自日本帝國主義的威脅。

第一頁的上方右側寫著：科捷利尼科夫；

下面從左到右蓋著兩個印章：「歸還 10 天」與 5969 25.SEP.1932；

印章下面從左到右是標注：「9419／10c.22／IX／PG」與印章

# 第六章　台灣共產黨對台灣社會運動的影響

　　臺共對台灣社會運動造成了怎樣的影響？目前學術界很少有人對這一問題進行研究。雖然台灣學者盧修一對這一問題作了初步的探討，但他對這一問題的探討非常簡略，使人們很難瞭解臺共對台灣社會運動的影響的全貌。為了使人們全面地瞭解臺共對台灣社會運動的影響，筆者打算從三個方面對這一問題進行論述：臺共對文化協會活動的影響；臺共對農民運動的影響；臺共對工人運動的影響。

## 第一節　台灣共產黨對文化協會活動的影響

### 一、台灣新文化協會活動概況

　　1927 年 1 月台灣文協分裂後，在連溫卿和王敏川領導下，新文協積極發展組織，同年 10 月，新文協已成立 23 個地方支部，會員超過 1500 人。與此同時，它與農民組合的合作也促進了台灣左翼運動的發展。

　　1927 年 10 月 14 日新文協在臺中召開第一屆全島代表大會，出席代表 117 人，來賓 7 人，旁聽 15 人。大會專門發表聲明取消「文協不從事政治活動」的保證，並提出「對警察當局暴壓的反對」等 16 項決議；〔註1〕明確宣

---

〔註1〕「台灣總督府警務局」:《台灣社會運動史——文化運動》，臺北：創造出版社 1989 年版，第 280～281 頁。

佈「文協永遠是農、工、小商人及小資產階級的戰鬥團體」，〔註2〕其任務在於「促進實現大眾文化，使農民、工人成立組織，使小商人、小資本家團結。」〔註3〕這樣，新文協由以前的民族主義啓蒙文化團體轉變成爲無產階級大眾文化團體。大會還發佈了宣言書，號召台灣人民向日本殖民者發動進攻：「醒來吧！奮起吧！台灣民眾們！台灣社會已具備著使我們的運動迅速進展的必要條件。時代已經啓開了廣闊的戰場，逼迫我們前赴激烈的戰鬥。前進的號音，久已喧騷在我們耳邊，前進吧！前進！！」〔註4〕

　　新文協一面排除中間派、右翼舊幹部勢力，一面積極吸收與之持相同觀點的青年學生，並在各地舉辦盛大的演講會，以擴大影響。尤其利用暑假返臺的赴日本或大陸求學的台灣學生，組織巡迴講演團，極力傳播階級鬥爭和反日思想。1927年，新文協在島內舉辦了271場演講會，參加聽眾近11萬人，民眾參與的規模，超越舊文協的時代，然而也因爲演講人用激烈的態度抨擊日本在台灣的暴政，結果演講會多次遭到日警中止和解散。這271場演講會，受到命令中止的次數高達591次，而情節嚴重被命令解散的演講會也達42次。〔註5〕台灣總督府愈打壓，新文協的演講會，愈激起民眾熱情參與，終於導致更大規模的衝突，而爆發了「新竹事件」。1927年11月3日，新文協在新竹舉辦的演講會與取締的警察發生衝突，造成兩名新文協新竹支部幹部被捕。新文協展開聲援，11月27日在新竹再舉行聲援演講會，卻遭警察命令解散。新文協幹部率群眾前往郡役所（市政府）抗議，警察立即以騷擾罪逮捕109人，事後有71人被判有期徒刑。〔註6〕文協主要幹部鄭明祿（中央常務委員）、林冬桂（中央常務委員）、林碧梧（中央常務委員）、張信義（中央常務委員）、張喬陰（中央委員）等人均被處以10個月監禁處分，直到1928年8月才獲釋放。〔註7〕

〔註2〕「台灣總督府警務局」：《台灣社會運動史——文化運動》，臺北：創造出版社1989年版，第277頁。
〔註3〕「台灣總督府警務局」：《台灣社會運動史——文化運動》，臺北：創造出版社1989年版，第278頁。
〔註4〕「台灣總督府警務局」：《台灣社會運動史——文化運動》，臺北：創造出版社1989年版，第278頁。
〔註5〕「台灣總督府警務局」：《台灣社會運動史——文化運動》，臺北：創造出版社1989年版，第298頁。
〔註6〕「台灣總督府警務局」：《台灣社會運動史——文化運動》，臺北：創造出版社1989年版，第306頁。
〔註7〕「台灣總督府警務局」：《台灣社會運動史——文化運動》，臺北：創造出版社

　　1927 年初，文協分裂後，林獻堂退出文協的活動，連溫卿等左翼主導了文協的活動。這時新文協的主張是組織工人、農民團結小商人和小資產階級，提高一般民眾的覺悟，促進大眾文化的實現。但在實際行動上新文協則採取了更為激進的做法，日警指責文協活動：「概為對資本主義制度及帝國主義支配的攻擊、弱小民族與無產階級之解放等問題，以本島民眾作對象煽動其團結，譴責本島統治，且鼓勵和官憲抗爭，如其一旦受到解散集會或中止言論之命令時，即煽動聽眾造成反抗氣勢，或連日徹夜在數個地方連開演講會反抗當局的取締，或向取締官廳提出抗議書，並分送島內外友誼團體、新聞雜誌社等。」〔註8〕不僅如此，在文協的指導下，台灣經常發生抗議日本殖民當局的事件，如 1928 年 5 月的臺南墓地事件是新文協領導台灣民眾運動的典型事例。1928 年 5 月，臺南市政府為配合昭和天皇登基，計劃徵用一塊墓地作為體育場，遭到當地民眾的強烈反對。文協聯絡反對者進行抗議，結果迫使臺南市政府放棄徵用墓地。然而，臺南市協議會臺籍協議員劉楊名卻反對政府讓步，因而他受到臺南文協會員批評與人身攻擊。臺南市警署借題發揮、大動干戈，先是逮捕洪石柱、侯北海、莊孟侯、謝水、白錫福、楊勤鎮等文協臺南支部會員，然後又有意擴大事態，以該事件「係在文化協會指導下有計劃的實行」為由，又逮捕王添登、蔡國蘭、李開、郭松 4 人，接著又以「藏匿罪犯」為名，逮捕王敏川（中央常務委員）、連溫卿（中央常務委員）、連七、周榮福、林江龍 5 人。〔註9〕

　　文協的反日活動衝擊著日本殖民統治的基礎，因而日益成為台灣總督府欲剪除的心頭之患。為了打擊文協，日本殖民者採取一系列抓捕文協幹部的行動，到 1928 年 6 月，逮捕了新文協幾乎所有的主要領導人。這使得其他文協幹部人人自危，蔡孝乾、洪朝宗、翁澤生、蔡火旺、王萬得等被迫先後逃往大陸，「一時間，文化協會內完全沒有指導幹部，活動完全停頓下來。」〔註10〕1928 年 8 月以後，文協幹部相繼出獄，重整旗鼓，準備召開第二次代表大會，對新文協進行整頓，以挽回這種衰勢。

　　1989 年版，第 316 頁。

〔註8〕「台灣總督府警務局」：《台灣社會運動史——文化運動》，臺北：創造出版社1989 年版，第 296 頁。

〔註9〕「台灣總督府警務局」：《台灣社會運動史——文化運動》，臺北：創造出版社1989 年版，第 307 頁。

〔註10〕「台灣總督府警務局」：《台灣社會運動史——文化運動》，臺北：創造出版社1989 年版，第 316 頁。

## 二、臺共對新文化協會的影響

### （一）臺共逐步掌握台灣文化協會的領導權

台灣文化協會在當時的台灣反日運動中，曾經作為反日各階層人民聯合戰線，起過很大的作用，在台灣群眾中有相當高的威信，是當時規模最大、影響最廣的文化政治組織，同時，該會已經在接受馬克思列寧主義的進步知識分子的領導之下，而且幾年來在與日本殖民者的鬥爭中，已經獲得了「合法」的地位。因此，1928 年 4 月，臺共在上海建黨時，非常重視台灣的新文化協會組織，它在建黨大會上所通過的政治決議中，就提出了對新文協的方針：「盡全力吸收反抗日本帝國主義的所有革命勢力，以工人、農民為中心建立一個反帝國主義大同盟。工人、農民各階級的聯合體——大眾黨的組織——為不可或缺者。目前必須利用文化協會將它加以組織，藉以擴大共產黨活動的舞臺。亦即一方面克服文化協會的幼稚病，吸收工農先進份子及青年份子參與文化協會；另一方面極力暴露民眾黨的欺瞞政策，促使在他們指導下的群眾左傾，逐漸改造文化協會使其成為革命聯合戰線的中心，在一定時期使成為大眾黨的組織。」〔註 11〕臺共要想完成組織大眾黨的任務，就必須先取得新文化協會的領導權，使之成為臺共的外圍團體。1928 年 9 月，臺共在島內建立中央機關後，便馬上派其骨幹黨員吳拱照、莊守參加文協，積極地在新文協中開展工作，以加強對它的影響。

1929 年 8 月，文協在第三次代表大會即將舉行時，曾廣泛徵求有關文協的改革意見。吳拱照認為，將文協置於黨的指導下的好機會已到，便向臺共中央領導人謝雪紅、林日高報告文協的情況，請求臺共中央的指示。臺共中央則依據上海綱領所制定的文化協會對策，決定寄送有關文化協會的改革意見書，準備進行活動並促使文協採用。該意見書主要內容如下：「文協應為小市民、學生階層的大眾團體，做為台灣無產階級解放運動之一翼。目前的活動是提倡打倒民眾黨之口號，暴露社會民主主義的欺瞞性，以貢獻島內無產階級運動之統一戰線，因此強調，要做為一個強固的中央集權組織而進行再建運動。」〔註 12〕吳拱照接受該意見書之後，將之交付文協中央，並準備付諸實施。

---

〔註11〕 「台灣總督府警務局」：《台灣社會運動史——共產主義運動》，臺北：創造出版社 1989 年版，第 34 頁。

〔註12〕 「台灣總督府警務局」：《台灣社會運動史——文化運動》，臺北：創造出版社 1989 年版，第 333 頁。

1929 年 10 月，吳、莊兩人做為新文協黨團負責人，根據臺共的指示起草了新文協章程修改案與行動綱領案。1929 年 11 月 2 日，新文協在彰化召開中央委員會議，出席的中央委員有張信義、林碧梧、王敏川等 14 人，農組領袖趙港、簡吉、顏錦華等 5 人參與旁聽，大會推選陳崑崙為議長，鄭明祿為書記，審議有關修改會則的「本部案」（即張信義、林碧梧提案）和「彰化支部案」（吳拱照、莊守根據臺共指示所起草的提案）。大會在文協內臺共黨員和農民組合幹部的影響下，通過了「彰化支部案」，而將「本部案」否決，接納臺共的改造方案，從而確立了臺共在思想上對文協的領導地位。〔註 13〕1929 年 11 月 3 日文協三大基本上按照臺共的精神修改了會則，並吸收臺共黨員吳拱照、郭常、吳丁炎、張道福、莊守、王萬得等人進入文協中央領導機關，文協事實上已成為臺共外圍組織。〔註 14〕1931 年 1 月 5 日文協四大公開宣佈支持台灣共產黨，文協正式成為臺共外圍組織，通過其日常鬥爭，成為執行臺共政策的大眾團體。〔註 15〕

### （二）台灣文化協會在臺共影響下出現嚴重的「左」傾錯誤

文協成為臺共外圍組織後，由於受到臺共「左」傾思想的影響，文協出現了嚴重的「左」傾錯誤，其主要表現如下：

### 1. 實行打擊台灣民眾黨、台灣地方自治聯盟的「左」傾政策。

1925 年 12 月，毛澤東在《中國社會各階級的分析》中說：「誰是我們的敵人？誰是我們的朋友？這個問題是革命的首要問題。中國過去一切革命鬥爭成效甚少，其基本原因就是因為不能團結真正的朋友，以攻擊真正的敵人。革命黨是群眾的嚮導，在革命中未有革命黨領錯了路而革命不失敗的。我們的革命要有不領錯路和一定成功的把握，不可不注意團結我們的真正的朋友，以攻擊我們的真正的敵人」。〔註 16〕雖然臺共反日決心異常堅定，但誰是我們的敵人，誰是我們的朋友這個革命的首要問題卻往往分辨不清。在台灣革命依靠力量問題上，臺共錯誤地將整個台灣資產階級視為革命的對象，他

---

〔註 13〕「台灣總督府警務局」：《台灣社會運動史——文化運動》，臺北：創造出版社 1989 年版，第 334 頁。

〔註 14〕「台灣總督府警務局」：《台灣社會運動史——文化運動》，臺北：創造出版社 1989 年版，第 336 頁。

〔註 15〕「台灣總督府警務局」：《台灣社會運動史——文化運動》，臺北：創造出版社 1989 年版，第 369 頁。

〔註 16〕毛澤東：《毛澤東選集》第 1 卷，北京：人民出版社 1991 年版，第 3 頁

們認爲「（台灣資產階級）明顯地背叛民族利益公然與帝國主義妥協。如今，台灣資產階級非但不屬於革命的力量，相反更成爲革命的障礙物」。〔註17〕由於臺共把台灣民眾黨、台灣地方自治聯盟定性爲資產階級黨派，所以臺共把他們當成「革命的最大危險敵人」，主張要將他們一律打倒。在臺共的影響下，新文協也強調：「台灣『民眾黨』已經表露出它的反動性格，台灣島內的革命鬥爭經歷也證明它並不是反抗帝國主義的推動力量，反而是革命的障礙。因此，當前台灣革命運動最急迫的任務，是盡一切力量攻擊『民眾黨』，並以『打倒民眾黨』與「反對民族改良主義」爲口號，將被欺騙的群眾帶回到革命陣線上來。……唯有對『民眾黨』與它的改良主義思想展開無情的鬥爭，台灣的革命運動才能將遭受欺騙的群眾帶回革命陣線，才能夠強化反帝鬥爭的陣營。因此，當前台灣革命運動最急迫的任務，是集中革命力量與打倒『民眾黨』。」〔註18〕「我們的解放運動已變成國際無產階級解放運動的一環之現在，左右翼社會民主主義者之輩，愈來愈有意識地變得反動化。如台灣民眾黨、台灣地方自治聯盟等反動團體，以『台灣議會請願』、『台灣地方自治』等的訴求，更加露骨地欺騙廣大的工農無產市民、青年學生，想要使其永遠成爲資本主義社會的奴隸。」因此，「我們文協亦正在與工農牢固地結合，不斷地跟這些反動勢力展開抗爭。……打倒反動的台灣民眾黨、台灣地方自治聯盟等一切反動團體！打倒左翼社會民主主義者！」〔註 19〕「堅決反對地方自治聯盟的資產階級改良主義者；台灣民眾黨是台灣革命最危險的敵人；我們必須與他們全力戰鬥，特別要與『左』派的民族改良主義者展開戰鬥。」〔註 20〕

　　日據時期台灣由於其殖民地社會性質，在日本殖民者專制政權機器的庇護下，無論政治、經濟還是教育、文化等等所有方面，作爲統治民族的日本人和日本資本都佔據了主導地位，台灣人民處於被壓迫、被剝奪的境地。因此，台灣社會的主要矛盾是台灣人民與日本殖民主義的矛盾，台灣人民開展民族運動的主要對象是日本殖民統治者、日本資本家及其幫兇或「協力者」，

---

〔註17〕 台灣總督府警務局：《台灣社會運動史——共產主義運動》，臺北：創造出版社 1989 年版，第 176 頁。

〔註18〕 俄羅斯國立社會政治史檔案館／全宗 495／目錄 128／案卷 6，第 84 頁。原件，打字稿，英語。

〔註19〕 「台灣總督府警務局」：《台灣社會運動史——文化運動》，臺北：創造出版社 1989 年版，第 399～400 頁。

〔註20〕 俄羅斯國立社會政治史檔案館／全宗 495／目錄 128／案卷 10，第 61 頁。原件，手稿，英語。

這是日據時期台灣人民反抗鬥爭的主流。然而，除了民族矛盾之外，台灣社會同樣存在著階級矛盾，存在著資產階級與工人階級、地主階級與農民階級的矛盾，日據時期的台灣社會階級和階級鬥爭是客觀存在的事實，只不過是受民族矛盾這一主要矛盾的制約，階級矛盾居於次要的地位，服從於民族矛盾的需要罷了。

　　雖然歐洲的資產階級進入 20 世紀開始腐朽沒落，但是這時的台灣民族資產階級才剛剛形成，正處於上升階段。台灣民眾黨、台灣地方自治聯盟不滿日本的殖民統治，反對日本殖民者的民族歧視，積極起來要求改變這種不合理的狀況，是一個具有革命性的階級。無可諱言，在民族資產階級中，存在著以林獻堂、蔣渭水為首的，他們不敢推翻日本在台灣的殖民統治，達到台灣人民的徹底解放，而只是企圖在日本的統治體制下設立台灣議會，達到台灣的自治，以改善台灣人民的痛苦境況，在民族運動中表現出一定的動搖性和不徹底性。雖然如此，我們也絕不應該把他們視為「民族敗類和反動分子」，把他們與辜顯榮之類的漢奸等同一類，一起作為反對和打擊的對象，對他們採取簡單、粗暴的行為，把他們排斥於反日民族統一戰線之外，而應該團結他們，對他們做耐心細緻的工作，幫助他們克服動搖性和不徹底性，和他們結成牢固的民族統一戰線。「然希望合作者乃鑒於台灣現在狀態，民智尚低，搞分裂，各自工作，恐有鷸蚌相爭、漁人得利之撼。……所以為了期待有效性，不如以鬥爭性富裕的為前衛，鬥爭性小者為後援，一如出征軍人與在鄉軍人。此時之目的，勿云有產階級之民主主義，亦勿云無產階級之民主主義。總而言之，為獲得民主主義之運動，豈有不能再合作之理」。〔註21〕然而，新文協採取民族鬥爭與階級鬥爭並重的方針政策，在實踐鬥爭中採取反帝反封建與反資產階級的革命路線，「四面出擊」、「樹敵過多」，結果使自己陷於孤立無援的境地。對於新文協破壞統一戰線的行為，林獻堂甚為痛心地說：「最遺憾者，則新文協係不時攻擊民眾黨系、自治聯盟，作兄弟鬩牆，而又不能外禦其侮，殊為可惜。」〔註22〕

## 2. 錯誤地變合法抗爭為激進的非法鬥爭，加速了自身的滅亡

　　臺共激進派為實現其急於推翻日本殖民者的理想，對於敵我力量對比的

---

〔註21〕 連溫卿：《台灣政治運動史》，臺北：稻鄉出版社 1988 年版，第 189～190 頁。
〔註22〕 林獻堂：《灌園先生日記（五）1932 年》，臺北：中央研究院台灣史研究所籌備處 2003 年版，第 356 頁。

懸殊，對於革命的長期性、複雜性、艱巨性缺乏明晰而堅定的認識。「他們對農組、工會、文協等的指導不去追求合法性的指導，卻專喊非合法之途徑，叫囂合法主義即機會主義」。〔註 23〕在臺共激進派的影響下，文協的活動逐漸強化其非法鬥爭的傾向。1928 年 10 月 31 日，新文協舉行了第二次全島代表大會，不僅將五角星中帶有鐮刀錘頭相互交叉的紅色會旗公然帶入會場，而且還提出「對反動政府的暴壓對策」的議案，因而遭到日警的鎮壓，日警當場逮捕 16 名文協重要幹部並解散集會。〔註 24〕在日本殖民者白色恐怖統治之下，新文協不但不去組織有秩序的退卻，反而主張冒險進攻，不顧一切地公開進行無產階級運動國際紀念日和始政紀念日的鬥爭。1929 年 3 月 18 日，在臺共中央委員莊春火的指導下，新文協林朝宗、周宗遠等 30 多人召開紀念無產階級運動講座會，目的在於以 1871 年 3 月 18 日法國巴黎公社的成立與 1918 年 11 月 17 日蘇俄革命成功的經驗為例，號召新文協必須成立政治性組織，聯合日本、朝鮮、台灣被壓迫階級同盟合作，推翻日本帝國主義的統治。〔註 25〕1929 年 6 月 17 日，臺共黨員王萬得指導文協臺北支部連溫卿等人，製作並散發反對日本殖民者戰鬥檄文：「所謂始政紀念日也者，是在 34 年前之今日，日本帝國主義侵略台灣，實施總督獨裁政治，把我們當作奴隸而加以榨取，並屢次對我們大眾橫加殘虐的紀念日。故我們不僅要絕對反對始政紀念日及日益痛苦的現況，更須高喊下列口號。……要求即時釋放解放運動犧牲者！打倒總督獨裁政治！撤廢治安維持法及匪徒刑罰令等惡法！打倒田中反動內閣！反對奴隸教育！反對帝國主義戰爭！反對暴壓暴行！擁護中國工農革命！擁護蘇聯！」〔註 26〕新文協激進的行為，立即遭到日警的殘酷鎮壓，致使新文協力量遭受嚴重破壞和損失。

　　新文協反對一切合法運動的偏向，以為凡屬一切公開的組織，合法的鬥爭都是引導群眾增加對日本殖民者的幻想，都與推翻現在統治階級的目標相矛盾。1931 年初，當臺共改革同盟派取得文協領導權後，文協的合法活動幾

〔註 23〕 「台灣總督府警務局」：《台灣社會運動史——共產主義運動》，臺北：創造出版社 1989 年版，第 130 頁。
〔註 24〕 「台灣總督府警務局」：《台灣社會運動史——文化運動》，臺北：創造出版社 1989 年版，第 318～319 頁。
〔註 25〕 「台灣總督府警務局」：《台灣社會運動史——文化運動》，臺北：創造出版社 1989 年版，第 324～325 頁。
〔註 26〕 「台灣總督府警務局」：《台灣社會運動史——文化運動》，臺北：創造出版社 1989 年版，第 326～327 頁。

乎全部停止，反日活動更加激進。文協激進的做法，使文協的各級組織不斷暴露在敵人面前，給敵人逮捕革命群眾造成了便利的條件和機會。1931 年 6 月，日本殖民者破獲臺共組織，捕獲絕大多數臺共黨員，臺共組織基本瓦解。1931 年 9 月留在文協和農民組合中未被逮捕的臺共黨員建立「台灣赤色救援會」，試圖重建臺共黨組織。1931 年底，「台灣赤色救援會」被日警偵破，赤色救援會的文協與農組成員紛紛落入日警手中，被捕人數高達 310 人，其中150 人被移送法院，有 53 人出庭受審，其中包括文協領袖王敏川、農組領袖簡吉，以及這兩個組織的主要負責人和成員，〔註 27〕隨後文協正式被日本殖民者所取締。

　　新文協激進的鬥爭方式，是否符合台灣的政治形勢呢？那我們就有必要瞭解當時台灣的政治形勢。1930 年臺共在給共產國際的《日本帝國主義鐵蹄下的台灣》報告中，稱：「(1) 台灣有一部《台灣治安警察法》，根據該法規定，警察得出席任何的演講會，並得於認為必要時制止演講或是解散演講集會。(2) 如果演講的內容是關於『政治』或是『時事』，演講會需於召集的 6 個小時之前知會警察當局。有關演講的『講者』、『主題』與『大綱』等需事先報備。未滿 20 歲的男女青年不得出席這類演講會。(3) 如果是室外的集會，則需在 24 小時前提出申請。警察當局得於必要時拒絕核准或是解散此類集會。自 1928 年以來，就沒有核准過這類露天的室外集會。(4) 任何政治性組織結社需在成立的三天之前向警察部門報告，且需向警察機關提報領導主管與成員資料。這些組織可能隨時被宣佈解散。工會、農民組合和文化組織在接受警察詢問組織相關問題時需據實答覆。(現在的日本政府規定，工會、農民組合與文化組織必須向政府提報其會員、領導主管與對日本帝國議會的態度等資料)」〔註 28〕「沒有任何左派工會、農民組合、研究會或是演講俱樂部等組織能夠合法存在。如果被發現有左派工會存在，警察會立即進行干預，富有戰鬥性的工會成員很可能會被拘捕。台灣有將近 20 個農民組合，其中的 4～5 個已遭到政府強制解散。其他一些組織的積極分子也曾遭到逮捕與處罰，這些組織皆因此而分崩離析。如果你要組織一個演講俱樂部，你必須取得政府的許可。即使是要請一位『四書五經』的老師都很困難，

---

〔註 27〕　「台灣總督府警務局」：《台灣社會運動史——共產主義運動》，臺北：創造出版社 1989 年版，第 274 頁。

〔註 28〕　俄羅斯國立社會政治史檔案館／全宗 495／目錄 128／案卷 14，第 126 頁。原件，手稿，英語。

想要研究社會科學更是絕對不可能。」〔註29〕

由此可知，當時的台灣已處在日本的白色恐怖統治之下，日本警察運用《治安警察法》等法律對台灣人民進行嚴密監視和控制，用各種手段偵察、搜捕臺共地下組織、抗日團體和抗日人士，對一切剛剛萌芽的工人、農民運動以及民主、社會主義的政治結社都給予野蠻鎮壓，這就使得新文協在島內的革命活動日趨艱難。新文協任何過激的行動必然會招致日本殖民者瘋狂的鎮壓，臺共領導文化協會應採取積極穩妥的秘密鬥爭策略，隱蔽實力，組織隊伍，積蓄力量，長期埋伏，等待時機的方針。其領導文協對敵鬥爭的策略，必須是利用一切可以利用的公開闔法的法律、命令和社會所許可的範圍，從有理、有利、有節的觀點出發，一步一步地和穩紮穩打地去進行；而不應同強大的統治階級進行毫無勝利希望的正面決戰，將臺共和文協的力量地暴露在敵人面前，招致無謂地犧牲。

### （三）新文協在組織上實行懲辦主義，打擊持不同意見者

臺共滲透於新文協後，新文協內部逐漸分為兩派：一是以王敏川為代表的上大派，上大派是指曾經在上海大學有過學習經歷的一群人，其主要成員包括：蔡孝乾、翁澤生、莊春火、洪朝宗、蔡火旺、王萬得、潘欽信、陳玉瑛、周天啓、莊泗川、李曉芳等；另一是以連溫卿為代表的非上大派，非上大派則有：胡柳生、林清海、陳本生、黃白成枝、陳綜、林朝宗、林斐芳等人。在文化協會指導思想上，兩派有很大分歧：以王敏川為首的「上大派」，與日共、臺共都保持密切的聯繫，接受日共1927年綱領中的決議和臺共1928年綱領中的決議，支持階級鬥爭路線。以連溫卿為首的「非上大派」，則和山川均有密切的關係，以山川均主義作為自己的指導思想，主張「以合法的手段實現一般大眾的、政治的、經濟的、社會的解放」〔註30〕。不僅如此，兩派在組織工會問題上指導思想上也存在著很大的差異。1928年6月，為了和蔣渭水組織的台灣工友總聯盟相抗衡，爭奪對工人運動的領導權，連溫卿召集受他領導和影響的工會代表召開會議，準備成立台灣總工會。〔註31〕然而，王敏川派認為：工人沒有左翼和右翼之分，應該團結和爭取台灣工友總

---

〔註29〕俄羅斯國立社會政治史檔案館／全宗495／目錄128／案卷14，第132頁。原件，手稿，英語。
〔註30〕連溫卿：《台灣政治運動史》，臺北：稻鄉出版社1988年版，第148頁。
〔註31〕連溫卿：《台灣政治運動史》，臺北：稻鄉出版社1988年版，第186頁。

聯盟，一起組成統一的「台灣勞動統一運動聯盟」，如果現在「只是使左翼
（工會）進行全島的結成，會使左右兩翼的對立尖銳化，使統一成為不可
能」。〔註 32〕因此，他反對連溫卿立即成立台灣總工會的主張。兩派間的意
見日益對立且逐漸形成互相排擠的態勢。臺共主張，左翼工會應與右翼工會
保持統一戰線，組織「統一同盟」，做為未來建立「台灣赤色總工會」的基
礎。〔註 33〕如果連溫卿組成台灣總工會的話，那麼這個工會就不可能由臺共
來指導。因此，只有從連溫卿手中奪取文協的領導權，臺共才有可能把「台
灣總工會」的構想轉化為「台灣赤色總工會」。於是，臺共對連溫卿派展開
猛烈地抨擊：「連溫卿一派之所謂全島左翼總工會結成，根本與吾人對立，
不但有否定共產黨之意味，也拒絕左右翼共同戰線之意味，此為徹頭徹尾分
裂之合理化論。主張分裂之永久存在之必然的社會民主主義者之分裂論，彼
實就以山川解黨主義之主張，而假以福本之分裂主義的美好幌子。……吾人
在此須擴大革命勢力，是故與連溫卿一派之左翼社會民主主義者之鬥爭，有
再度強調之必要。」〔註 34〕在王敏川的上大派與連溫卿的非上大派的鬥爭
中，非上大派被臺共定性為「左翼社會民主團體」，並認為它是破壞左翼運
動發展的毒素。〔註 35〕

　　1928 年 11 月後，隨著臺共對新文協影響的加強，連溫卿派和王敏川派的
鬥爭更加激烈。然而，日共黨內山川均主義的衰落，以山川均主義為指導思
想的連溫卿派也逐漸地失勢。1929 年，在日共對山川主義的清算、中共對陳
獨秀路線的清算、蘇共對托洛茨基主義清算的影響下，新文協中的王敏川派
在臺共的領導下，對連溫卿派進行了清算。1929 年 11 月 3 日，新文協召開了
第三次代表大會，會上，已為臺共所控制的台灣農民組合提出了「對連溫卿
反動的抗議」的文件，並散發一項聲明給大會出席代表，題為《關於排擊左
翼社會民主主義者連溫卿一派致代表諸君檄文》，控訴連溫卿一派擾亂農民組
合重組、洩露組織機密、企圖內部分裂等罪狀，給連溫卿扣上了「社會民主

〔註 32〕洪朝宗：《全島四十勞動團體代表，於 3 日彙集蓬萊閣努力統一全島勞動運
　　　　動！》，《台灣大眾時報》第 8 號（1928 年 6 月 25 日），第 6 頁。
〔註 33〕俄羅斯國立社會政治史檔案館／全宗 495／目錄 128／案卷 6，第 80 頁。原件，
　　　　打字稿，英語。
〔註 34〕連溫卿：《台灣政治運動史》，臺北：稻鄉出版社 1988 年版，第 219 頁。
〔註 35〕「台灣總督府警務局」：《台灣社會運動史──農民運動》，臺北：創造出版社
　　　　1989 年版，第 141 頁。

主義者」、「分裂主義者」與「地盤主義者」帽子。〔註36〕文協大會接受了農民組合的抗議書，決定由中央常務委員會處理。11 月 19～20 日，新文協召開中央常務委員會議，對農民組合的抗議書進行審議。會上，鄭明祿指控連溫卿有「污辱文協體面」、「紊亂文協體制」、「濫用職權，損傷本部威信」、「捏造會員資格」、「攪亂戰線」五大罪狀，對未出席的連溫卿進行了控告。最後文協中央不僅將連溫卿一派開除，而且還解散了擁有 140 多名會員的文協臺北支部。〔註37〕文協中央解散臺北支部的理由是：「臺北支部不僅於我文化協會佔有重要地位，且在台灣解放運動戰線上，居於舉足輕重的重要地位。故本部對臺北特別支部，早就有意用整然的組織及強力的活動，使其推行會務，以期完成解放運動上所擔負的任務。然而，不幸被連溫卿、李規貞等的故意妨害所牽累，其期待完全落空了。時到如今，我們不但不能達成目的，且在現勢下，臺北特別支部的存在簡直已等於無，不但使優秀分子離叛，導致其才能不能發揮，且反而變成連溫卿、李規貞等人，企圖擾亂戰線的反動巢穴，有成為解放運動戰線上的障礙之慮。於茲，中央委員會認定，臺北特別支部如按照現狀，將阻害本會的發展，也將損害本會的體面，所以，決定不得不予以解散。」〔註38〕這就擴大了打擊面，嚴重削弱了文協的力量。

事後，臺共骨幹黨員蘇新就指出：文協中央開除連溫卿一派的做法是錯誤的。他說：「當時，文協幹部和農組幹部以『密探』、『內奸』這樣的罪名開除連溫卿，如果證據確鑿，罪有應得，因為人民最痛恨密探、內奸，但是如果沒有事實根據，對于連溫卿來說，是一項莫大的侮辱，而且在歷史上留下永遠洗不清的污點。我說『理由不充分』，是因為：『支持日本國內普選運動』的會議內容，在資產階級報紙發表了，這件事本身並不是什麼壞事，日本當時的普選運動，本來就是資產階級的民主運動，對日本人民、台灣人民都是有利的，台灣人民表示支持這個運動，日本資產階級是歡迎的，開這樣的會，台灣當局也不會反對，所以根本就不存在『洩密』的問題，即使是連溫卿告訴報紙記者的，也可以解釋為『為了擴大宣傳』，何來『密探』的罪名？連溫

---

〔註36〕 「台灣總督府警務局」:《台灣社會運動史——文化運動》，臺北：創造出版社 1989 年版，第 345 頁。

〔註37〕 「台灣總督府警務局」:《台灣社會運動史——文化運動》，臺北：創造出版社 1989 年版，第 347～350 頁。

〔註38〕 「台灣總督府警務局」:《台灣社會運動史——文化運動》，臺北：創造出版社 1989 年版，第 352 頁。

卿和楊貴的意見可能是比較一致的，所以，有事，相互交換意見，爲什麼不可以呢？如果互相接觸、交換意見，就是『勾結』，那麼，文協上大派和農組幹部派接觸、商量問題，這叫做『什麼』？互相對立的兩派，感情用事，謾罵對方，這是心胸狹窄的表現，是『小人』，不是『君子』。但罵了幾句話，就成了『變相的告密』嗎？……極左分子以爲『唯我獨革』、『唯我獨左』，別人都是不革命、反革命、右派，其實極左分子才是眞正的反革命，不僅害革命，害別人，而且最後還是害了自己。」〔註39〕

## （四）解散文協

1928 年臺共在其黨的綱領中，曾規定了對新文協的方針，即要在黨的領導下強化並擴大該會，待時機成熟時，再以此爲基礎，建立一個合法公開的左翼政黨——台灣大眾黨——爲目標。然而，此時日本國內相繼發生了逮捕日共的「三・一五事件」與「四・一六事件」。台灣也相繼發生了日警逮捕文化協會幹部的新竹、臺南墓地等事件。台灣在日本殖民者的白色恐怖統治之下，一切公開的政黨都處於不利的條件之中，若文協以大眾黨的形式出現的話，只會招來日警的鎮壓。更爲重要的是，關於組織大眾黨問題，共產國際曾明確表示「無產階級的黨，除共產黨外別無其他」的立場，指責組織大眾黨是錯誤的行爲。〔註40〕爲此，共產國際在六大上強調：「關於公開的勞農政黨，共產國際不單是把日本，更把南美、印度、保加利亞的歷史也搜集起來，在殖民地革命運動綱領中說明，站在工、農、小資產階級這樣兩個以上的階級融洽的基礎上的黨，雖然在某一定時期有革命的性質，可是那個時期一過，就容易成爲小資產階級的黨，因而規定共產黨決不能是這樣的黨。基於這樣的觀點，指出必須強調日本勞農黨雖然多少起過些革命作用，可是共產黨要對勞農黨和左翼政黨表明它的根本的群眾性質，只有共產黨才是無產階級的黨，是工農唯一的良友。」〔註41〕日共領袖市川正一再次強調：「只要有一點點認爲共產黨以外還要有另外特殊的政黨這樣的思想，這在階級鬥爭發展中乃是和黨的群眾化顯然相矛盾的思想。可以斷言，這骨子裏是小資產階級的

〔註39〕 蘇新：《未歸的臺共鬥魂》，臺北：時報文化出版企業有限公司 1993 年版，第106 頁。

〔註40〕 「台灣總督府警務局」：《台灣社會運動史——農民運動》，臺北：創造出版社 1989 年版，第 119 頁。

〔註41〕 市川正一：《日本共產黨鬥爭小史》，北京：世界知識出版社 1954 年版，第 120頁

動搖思想。」〔註42〕於是，臺共打算在左翼組織間建立大眾黨的計劃戈然而止。

　　既然臺共不能在文協的基礎上籌建大眾黨，於是，就有人提出了解散文協的建議。1929～1931 年，關於文協解散問題，可以說是眾說紛紜，莫衷一是，但多屬於解散方法論。就解散的理論根據而言，他們基本上是一致的。其主要內容如下：「在列寧主義的革命理論上，殖民地解放運動應在共產黨的指導下進行一切運動，而無產階級獲得指導權以後，領導權的問題自然會在解放運動的發展過程上突顯出來。由此觀點來看台灣，台灣的革命運動乃因文化協會的活動而發展，然後進展到馬克思主義的立場，依靠初期啓蒙運動進行政治指導，然後脫離民族資產階級而漸次進展到馬克思主義的運動形態。但因其所包容的階級混雜，隨著運動形態的高揚而發生動搖，且以知識分子爲中心的指導體，不走大眾訓練或鬥爭路線以加深其政黨色彩，遂致脫離了大眾，終成爲與其說鬥爭團體，不如說是指導團體的角色。導致領導權的階級根據受到質疑，並蛻變爲游離於大眾的、紙上談兵的團體。由於文化協會過去的功績和民眾對它的期待愈大，對台灣解放運動發展的阻礙亦越大。是故，非解散不可」。〔註43〕

　　1929 年 2 月，雖然臺共激進派提出了解散文協的建議，然而，因臺共中央已把組織大眾黨作爲當時的工作重點，所以，一時無法將其更改。1930 年9 月，張信義爲復刊《大眾時報》之事而前往東京，順便拜訪了日本產業勞動調查所的高山洋吉和布施辰治等人。張信義向他們報告了台灣的左翼運動狀況和文協的狀態。高山洋吉等人就文協的活動方向提出忠告：如果文協像一個黨那樣進行活動，它還是解散比較好，以避免對無產階級的成長與發展造成障礙；如果文協不是政黨，那它就不應該再掌握工農運動的領導權。〔註44〕這些忠告恰好說到文協現狀的要害上，引起了臺共東京特別支部和學術研究會成員間激烈的爭論。當張信義返臺後，將上述忠告傳達給島內左翼陣營後，農民組合正式提出了解散文協的意見：第一，文協政黨化發展趨勢會導致人

〔註42〕 市川正一：《日本共產黨鬥爭小史》，北京：世界知識出版社 1954 年版，第 129頁

〔註43〕 「台灣總督府警務局」：《台灣社會運動史——文化運動》，臺北：創造出版社1989 年版，第 357 頁。

〔註44〕 「台灣總督府警務局」：《台灣社會運動史——文化運動》，臺北：創造出版社1989 年版，第 358 頁。

們對合法運動的迷信，妨礙無產階級非法革命活動的推行；第二，文協妨礙了台灣共產黨的發展，並有爭奪無產階級領導權的傾向；第三，文協應將其工人、農民、小資產階級成份分別分解到相應的工人、農民、小資產階級團體中去以從事反對帝國主義的運動。〔註45〕

隨後，人們掀起文協解散問題的論戰高潮：有人主張立即解散文協，有人認為應該先設立一個紅色總工會來取代它，另外一些人則贊同成立反帝同盟組織而將文協成員吸收於其中。〔註46〕但文協中央委員長王敏川主張：應暫時保留文協，待反帝同盟、紅色總工會和其他鬥爭團體組成之後，才予以解散。〔註47〕為了保留合法的鬥爭手段，臺共中央委員謝雪紅也贊成王敏川的主張。然而，對王萬得等臺共激進派來說，「文協已完成了它的歷史使命，已經沒有存在的必要。……如果仍然存在的話，它會阻礙工人運動、農民運動、租屋人運動及反帝運動，特別會阻礙台灣共產黨的發展。因此，為了使台灣革命迅速獲得勝利，必須盡速解散文協。」〔註48〕1931年6月，臺共遭日警破壞後，未逮捕的臺共黨員為了重建臺共黨組織，9月份成立「台灣赤色救援會」，將原來文協成員吸收到「台灣赤色救援會」中來，而將原來的台灣文化協會解散。這場關於文協解散與否的論戰終於以文協解散而結束。

事後臺共中央委員莊春火對解散文協的行為，予以猛烈地抨擊：「創立當時，文化協會已由少壯派掌權，我一向主張共產黨的旗幟不要那麼早打出來，文化協會掌權的少壯派，雖然與共產黨最終目標並不相同，但在民族解放的立場上是一致的，現階段可以和他們合作，殺雞不必用牛刀，打文化協會的招牌從事活動，犧牲比較輕微，而且共產黨的招牌太激烈，拿出來可能會讓大部分的台灣人畏懼，日本當局對臺共已放出長線。但是我這個主張並未被接受。」〔註49〕「我也主張文化協會既然已經由左翼分子王敏川掌權，共產黨可以借文化協會之名從事活動，犧牲才不會那麼慘重。我並不是怕犧

〔註45〕「台灣總督府警務局」：《台灣社會運動史——文化運動》，臺北：創造出版社1989年版，第359頁。

〔註46〕「台灣總督府警務局」：《台灣社會運動史——文化運動》，臺北：創造出版社1989年版，第359頁。

〔註47〕連溫卿：《台灣政治運動史》，臺北：稻鄉出版社1988年版，第33～34頁。

〔註48〕「台灣總督府警務局」：《台灣社會運動史——文化運動》，臺北：創造出版社1989年版，第360頁。

〔註49〕張炎憲採訪、高淑媛記錄：《一位老臺共的心路歷程——莊春火訪問記錄》，台灣史料研究第2號，1993年8月，第85頁。

性，而是認為實幹比較重要。」〔註50〕

文協在台灣人民反日民族解放鬥爭中，起過團結各階層、教育廣大群眾以及組織和指導反日鬥爭的積極作用，有其不容抹殺和忽視的功績。然而，文協的性質、任務，從來就不是一個單一階級的政黨，而是一個多階級聯盟的政治和文化團體，雖然它也有著一定的政治性的綱領，究竟還不是一個政黨組織。臺共成立後，讓它繼續存在，不但並不妨礙台灣無產階級黨的統一性，也並不意味著在台灣存在著兩個無產政黨；而且利用它與台灣人民中某些特定階層已經取得的廣泛而深厚的革命聯繫，還能在反日戰線上繼續起其部分的、也是不可缺少的作用。特別是它在長期的反日鬥爭中，已經取得了一個「合法」存在的地位，這是極其寶貴的一個有利條件，是值得而且也必須加以利用的。何況它以屢次公開聲明自己不是無產階級政黨，在臺共成立後又明確規定了它的性質和任務，它也接受臺共的領導，這樣，在敵人實行法西斯恐怖統治的時候，臺共被迫處在地下的情況下，保護它的存在並充分加以利用，以團結廣大群眾進行鬥爭，是極其有利的、適當的，也是完全正確的。然而，臺共中激進派卻千方百計要把它解散，這不是不顧革命的利益企圖使臺共放棄同敵人進行鬥爭的有力武器嗎？這在客觀上是幫助了日本殖民者。

## 三、臺共領導新文化協會失敗的教訓

臺共領導文化協會這段鬥爭的歷史，不僅對台灣社會產生了深遠的影響，而且在國際共產主義運動史上也寫下了重要的一頁。然而，臺共領導文化協會失敗給我們留下了許多深刻的教訓，其中有兩點教訓值得我們記取：

第一，無產階級政黨要善於正確處理各階級間相互關係，分清敵我矛盾和人民內部矛盾，高度重視統一戰線。台灣是一個殖民地的社會。1895 年日本佔領台灣後，對台灣人民實行了殘酷的民族壓迫和殖民掠奪，使台灣人民和日本統治者的民族矛盾，成為當時台灣社會的主要矛盾，其他的一切矛盾，如台灣人民內部各個階級，各種政治集團之間的矛盾，都下降為次要和服從的地位。因此，台灣革命的首要任務，就是要打倒日本帝國主義，推翻它在台灣的殖民統治，達到台灣人民的民族解放。可是，日本殖民者掌握著台灣

---

〔註50〕張炎憲採訪、高淑媛記錄：《一位老臺共的心路歷程——莊春火訪問記錄》，台灣史料研究第 2 號，1993 年 8 月，第 88 頁。

的一切權力機構，他們以總督的專制獨裁權力為主，輔以無所不管的「萬能」警察和嚴酷的保甲制度，在台灣建立了一套嚴密完整的統治制度。在他們的後面，又有龐大的日本帝國主義作為後盾。因此，當時敵人的力量是強大的。臺共要推翻日本在台灣的殖民統治，就必須團結一切可以團結的民族力量，建立廣泛的民族統一戰線。

然而，以王萬得為代表的「左」傾激進臺共黨員卻看不到這一點，實行關門主義，採取「一切鬥爭，否認聯合」的錯誤政策，結果喪失了利用台灣文化協會建立民族統一戰線的大好時機，使台灣革命事業遭受重大損失。對此，蘇新曾反省道：「當時的反日鬥爭的領導人（尤其是台灣共產黨人）在台灣文化協會的工作上犯了不少嚴重的路線錯誤。例如文協本來就是台灣各階層（包括地主、資本家、小資產階級、工人、農民以及一般勞動人民）的反日統一戰線的群眾組織。正確的方針應該是繼續鞏固、發展、擴大其作為統一戰線性質的群眾組織，而不應該使它分裂成為三個對立的政治組織（第一次分裂）。又如，第二次分裂，文協既然不是政黨，就不應該用什麼馬克思主義、左翼社會民主主義、右翼社會民主主義來進行什麼『理論鬥爭』，來分裂文協，企圖給文協穿上清一色的政治外衣。……文協在後期，在群眾中極端孤立，在內部開除來開除去，只剩下幾個人，最後敵人把這幾個人也抓起來，只好關門大吉。」〔註51〕由於臺共新中央把台灣資產階級作為革命的對象進行攻擊，「唯我獨革」，結果將自己立於孤立無援的境地，給台灣革命帶來了嚴重地危害。這個事實告訴我們：無產階級政黨要善於正確處理各階級間相互關係，分清敵我矛盾和人民內部矛盾，高度重視統一戰線。為了積聚革命力量，並使之最終壓倒反革命力量，無產階級政黨就必須採取統一戰線策略，努力爭取一切可以爭取的力量，利用一切可以利用的矛盾，最大限度地孤立敵人，在長期的鬥爭中改變敵我力量的對比，逐步擴大革命陣地，爭取革命的最後勝利。團結一切可以團結的力量，爭取一切可以爭取的同盟軍，包括利用間接的暫時的同盟軍，分化瓦解敵人的隊伍，最大限度地孤立和打擊當前最主要地敵人。

第二，要正確對待組織內的不同意見。在文協指導思想上，文協內部的上大派與非上大派之間有很大分歧，上大派主張採用激進的階級鬥爭手段，

---

〔註51〕蘇新：《未歸的臺共鬥魂》，臺北：時報文化出版企業有限公司1993年版，第105～106頁。

非上大派則主張進行合法抗爭。不僅如此,在組織工會問題上,上大派與非上大派也有很大差異,上大派主張:工會沒有左翼和右翼之分,應當建立統一的工會組織;而非上大派則主張只建立左翼工會——台灣總工會。由於上大派忠實地按照臺共的意旨來開展活動,因而獲得臺共和其外圍團體農民組合強力支持,在他們的幫助下,文協內部以王敏川為首的上大派對連溫卿等非上大派幹部進行了激烈批判,並將其開除。上大派幹部在組織上進行的「殘酷鬥爭,無情打擊」,勢必扼殺文協的民主,破壞文協內健康和諧的政治生活,嚴重地削弱了文協的力量。

## 第二節　台灣共產黨對農民運動的影響

### 一、臺共逐步掌握農民組合的領導權

　　1928 年 4 月,臺共在上海建黨時,就非常重視台灣的農民問題,它說:「農民問題對於無產階級政權之獲得,以其爭取同盟軍之意義來說極為重要。」〔註 52〕因此,它在制定的《農民運動綱領》中就規定:「以『解決土地問題』、『掃蕩封建勢力』為基本任務,其鬥爭目標為打倒封建地主、沒收土地、分配土地給農民」。〔註 53〕要實現這個任務,臺共就必須先取得農民運動的領導權,使農民成為無產階級的可靠同盟軍,並使之參加農村革命。〔註 54〕

　　由於台灣農民組合是台灣農民運動的領導中心,因此,臺共想方設法要將農民組合轉變為臺共外圍團體,進而掌握台灣農民運動的領導權。1928 年 6 月,臺共領導人謝雪紅積極參加農民組合的各種活動,陸續將農組中央委員簡吉、陳德興、趙港、陳崑崙等人吸收入黨。臺共滲透於農民組合後,農民組合幹部逐漸分為兩派:一派是親臺共的幹部派(簡吉·趙港·顏石吉·張行·陳德興·彭宇棟·莊萬生·陳崑崙);另一派是非臺共的幹部派(楊貴·謝進來·謝神財·陳培初·尤明哲·張滄海·吳石麟·賴通堯·

---

〔註 52〕台灣總督府警務局:《台灣社會運動史——共產主義運動》,臺北:創造出版社 1989 年版,第 15 頁。

〔註 53〕台灣總督府警務局:《台灣社會運動史——農民運動》,臺北:創造出版社 1989 年版,第 104 頁。

〔註 54〕台灣總督府警務局:《台灣社會運動史——農民運動》,臺北:創造出版社 1989 年版,第 104 頁。

葉陶）。〔註55〕臺共派幹部支持遵守《日共 1927 年基本綱領》的階級鬥爭路線，相反的，非臺共派幹部則贊成所謂左翼社會民主主義的「山川均主義」的傾向，而注重於合法的實踐運動。圍繞農民運動方針，兩派展開了激烈地爭論。然而，由於臺共派幹部在農組中央佔據多數，結果，非臺共派幹部的楊貴在 1928 年 6 月 27 日的農組中央委員會上不僅遭受批判，而且被開除出農民組合，其他非臺共派幹部也先後遭除名。此後，臺共派力量在農民組合中迅速發展，1928 年 8 月，農組中央 3 名常任委員（簡吉、趙港、陳德興）、15 名中央委員（簡吉、趙港、陳德興、楊春松、陳結、趙欽福、陳海、張行、林新木、呂得華、蔡端旺、莊萬生、黃天、陳崑崙、楊四川）全爲臺共黨員，這就表明臺共已完全掌握農民組合的領導權。

　　爲了適應農民運動發展的需要，培養農運人才，1928 年 9 月 23 日，臺共在農民組合本部成立了「社會科學研究會」，對農民組合幹部進行專門培訓。由謝雪紅、簡吉、楊克培三人擔任「社會科學研究會」授課老師，向他們講授「國際無產階級運動」、「西來庵事件的批判」、「目前的農民運動」、「殖民政策批判」、「無產階級經濟學」等問題。〔註56〕這對當時農民組合開展反日鬥爭，培養革命骨幹，起了很大的作用。

　　在農民組合召開第二次全島大會之前，臺共東京支部代表林兌自日返臺帶回了臺共領導人林木順有關「農民問題對策」的指示；並先後與謝雪紅、簡吉會商，希望通過大會議案的方式將「農民問題對策」貫徹於農組的政策與實踐運動中。「農民問題對策」，目的就是想把台灣農民組合完全置於臺共的領導之下，以推動台灣農村革命運動的發展。這份對策的內容有九點：（1）發行機關報。（2）展開民族的共同鬥爭。（3）提倡土地問題。（4）工農的革命性同盟。（5）組織農組自衛團。（6）設置青年農民講習所。（7）在全島發展農組救濟部。（9）喚起關心國際問題。（10）鬥爭左翼社會民主主義者。〔註57〕

　　1928 年 12 月 30～31 日，台灣農民組合在臺共中央秘密指導之下，在臺中樂舞臺戲院舉行第二次全島代表大會。這次大會全島有 40 多個支部派代

〔註55〕 台灣總督府警務局：《台灣社會運動史——農民運動》，臺北：創造出版社 1989
　　　　 年版，第 121 頁。
〔註56〕 台灣總督府警務局：《台灣社會運動史——農民運動》，臺北：創造出版社 1989
　　　　 年版，第 117 頁。
〔註57〕 台灣總督府警務局：《台灣社會運動史——農民運動》，臺北：創造出版社 1989
　　　　 年版，第 130～131 頁。

表與會，約有 1000 名農民參加，場面相當熱烈。〔註 58〕這次大會農民組合發表了《台灣農民組閣第二次全島大會宣言》，確立了階級鬥爭與民族的反帝鬥爭路線，指出「瀕死的帝國主義者與反動地主為了保住其狗命，正全面準備屠殺工農的第二次世界大戰，對無產階級——尤其是殖民地台灣的無產階級——壓迫與剝削更為殘忍，愈來愈露骨。因此，台灣的工人、農民、小市民在政治上、經濟上所受的痛苦已經達到極點」。〔註 59〕因而農民組合號召：（1）農民們趕快加入農民組合，工人們趕快加入工會；（2）工人與農民團結起來；（3）確立耕作權與團結權；（4）全台灣被壓迫民眾團結起來；（5）臺、日、鮮、中的工農階級團結起來；（6）擁護工農祖國蘇維埃；（7）支持中國工農革命；（8）打倒國際帝國主義！（9）反對新帝國主義戰爭；（10）被壓迫民族解放萬歲！（11）全世界無產階級解放萬歲〔註 60〕。由此體現了二次全島大會後農民組合富於激進革命和戰鬥的色彩。

這次大會在臺共的指導下取得了如下成果：第一，農民組合要以臺共關於「農民問題的對策」的作為其指導路線。第二，為了加強農組的組織工作，謝雪紅計劃在農民組合中成立救援會支部、青年和婦女支部的建議，都在大會上獲得通過。第三，臺共黨員簡吉、楊春松、趙港、陳德興、顏石吉等人，分別當選農民組合的中央委員和中央常任委員。總之，從台灣農民組合指導路線的確立、組織工作的強化、職務的調整分配上來看，它在第二次大會後，已完全置於臺共的領導之下。

## 二、台灣農民組合在臺共領導下日益激進

農民組合自 1926 年成立以來，就進行著反對日本帝國主義掠奪的侵略政策。如火如荼的農民運動深刻衝擊著日本殖民統治的基礎，而農民組合日趨左傾，並提出在政治、經濟上向日本殖民統治發起進攻，因而日益成為台灣總督府欲剪除的心頭之患。日本殖民者為了打擊農民組合，也為了瞭解農組與臺共之間的關係。1929 年 2 月 12 日拂曉，日本警察以農組分發宣傳品違反

---

〔註 58〕 台灣總督府警務局：《台灣社會運動史——農民運動》，臺北：創造出版社 1989 年版，第 143 頁。

〔註 59〕 台灣總督府警務局：《台灣社會運動史——農民運動》，臺北：創造出版社 1989 年版，第 142 頁。

〔註 60〕 台灣總督府警務局：《台灣社會運動史——農民運動》，臺北：創造出版社 1989 年版，第 146 頁。

出版規則及治安維持法為由，對全島如臺北、新竹、臺中、臺南、高雄等州
各地台灣農民組合的本部、支部事務所、關係團體及主要幹部住宅共 300 餘
處，展開全面搜查，沒收各種物品 2000 餘件，逮捕 59 人，以違反「台灣出
版規則第 17 條」為藉口，對農組領袖簡吉、楊春松、陳德興等 12 人判處 1
個月至 1 年刑期不等的有期徒刑（見下表）。〔註61〕

表：「二・一二事件」判刑表〔註62〕

| 姓　　名 | 徒　　刑 | 姓　　名 | 徒　　刑 |
|---|---|---|---|
| 侯朝宗 | 10 個月 | 江賜金 | 10 個月 |
| 陳崑崙 | 10 個月 | 張行 | 10 個月 |
| 顏石吉 | 10 個月 | 陳德興 | 10 個月 |
| 蘇清江 | 10 個月 | 譚廷芳 | 10 個月 |
| 簡吉 | 1 年 | 陳海 | 10 個月 |
| 楊春松 | 10 個月 | 黃信國 | 1 個月 |

　　在日警的強力鎮壓下，農民組合遭受重創：不僅農組主要幹部被捕，而
且幾乎所有支部，除了南部的下營和曾文兩個支部外，都遭到禁止或破壞。
〔註63〕雖然農民組合被迫轉入地下活動，但他們無視鬥爭環境的險惡，仍秘
密地開展農民運動。結果，在農民組合的領導下，台灣農民運動在次數和激
烈程度上有增無減。《新大眾時報》昭和 6 年 3 月號刊載了 1930 年 6 月以來
農民運動的實況：1930 年 7 月 30 日，曾文支部動員 300 多人包圍糖廠，要
求提高甘蔗價格；8 月 1 日，屏東支部召開反戰紀念大會；9 月 22 日，臺南
州支部聯合會領導 1000 多人，抗納或要求減免嘉南大圳水租，包圍學甲、
佳里、麻豆、下營各莊役場；10 月，屏東方面反對起耕；11 月 4 日，屏東
支部鹽埔出張所成立；11 月 7 日，紀念俄國革命，南聯動員 300 多人，高聯
動員 600 多人；11 月，打倒反動團體鬥爭委員會巡迴演講；11 月，桃園支
部反對扣押青苗，動員農民割稻；11 月 23 日，南聯動員民眾抗租，男女老

〔註61〕台灣總督府警務局：《台灣社會運動史——農民運動》，臺北：創造出版社 1989
　　　　年版，第 150 頁。
〔註62〕台灣總督府警務局：《台灣社會運動史——農民運動》，臺北：創造出版社 1989
　　　　年版，第 151～152 頁。
〔註63〕台灣總督府警務局：《台灣社會運動史——農民運動》，臺北：創造出版社 1989
　　　　年版，第 153 頁。

幼或抬棺材、或搬馬桶、牽水牛在各莊役場示威。〔註64〕

　　1929 年世界性的經濟危機逐漸蔓延到島內，台灣勞苦大眾也深受其影響，尤其是農村經濟所受的禍害最為厲害。有鑑於此，1930 年台灣共產黨照搬共產國際「第三時期」理論，認定帝國主義已陷入了極大的危機之中，世界正進入革命的高潮期，號召台灣人民起來對殖民主義和封建勢力做堅決的鬥爭，最後「達成武裝暴動，顛覆帝國主義的統治，建設革命政權，完成革命現階段的任務」。〔註65〕這一激進主張不符合台灣的社會實際，對臺共自身及台灣農民運動開展有著很大的危害性。1930 年 12 月，臺共秘密發表了《台灣農民組合當前任務的綱領》，確立農民組合「左」傾工作方針。臺共在這個綱領中，批評農民組合在工作中有諸多不足：（1）對各項鬥爭問題的鬥爭激發及組織、領導的不力；（2）各同志對中央的決議與指示理解不夠，因而未能貫徹於大眾；（3）少數幹部專制；（4）陣營內還有濃厚的合法主義與組合主義的錯誤傾向；（5）沒提出「土地革命」口號，未能徹底宣傳；（6）缺乏對楊貴、連溫卿派殘留影響的積極鬥爭；（7）缺乏提出婦女、青年的要求。〔註66〕因此，臺共要求農組當前的主要任務是：(1)政治方面：克服合法主義、組合主義；要經常提出「土地革命」的口號；對楊貴、連溫卿展開激烈鬥爭；清除陣營內的機會主義及一切「右」傾傾向等。(2)組織方面：確立以貧農、小農為基礎；確立各部門的指導部；準備第三次全島大會；重建舊支部及擴大組織；倡議組織反帝大同盟；加入赤色農民國際。〔註67〕根據臺共的上述指示，1931 年 1 月，台灣農民組合在嘉義郡竹崎莊召開中央委員會擴大會議。一方面，大會正式把農民組合做為在臺共領導下的大眾團體（外圍組織），並決定向楊貴、連溫卿派進行鬥爭，淘汰組合內部的機會主義者與中間動搖分子。〔註68〕另一方面，大會提出了打倒日本帝國主義等鬥爭口

〔註64〕台灣總督府警務局：《台灣社會運動史——農民運動》，臺北：創造出版社 1989
　　　　年版，第 191～192 頁。
〔註65〕台灣總督府警務局：《台灣社會運動史——共產主義運動》，臺北：創造出版
　　　　社 1989 年版，第 170 頁。
〔註66〕台灣總督府警務局：《台灣社會運動史——農民運動》，臺北：創造出版社 1989
　　　　年版，第 210 頁。
〔註67〕台灣總督府警務局：《台灣社會運動史——農民運動》，臺北：創造出版社 1989
　　　　年版，第 222 頁。
〔註68〕台灣總督府警務局：《台灣社會運動史——農民運動》，臺北：創造出版社 1989
　　　　年版，第 223～224 頁。

號：（1）反對檢舉；（2）爭取言論、集合等自由；（3）奪回生產物處分權；
（4）打倒日本帝國主義；（5）反對台灣總督的獨裁政治；（6）擁護蘇聯；（7）
支持中國革命；（8）台灣共產黨萬歲！〔註69〕

　　1931 年 5 月 31 日，臺共新中央在二次臨時大會後，採用新戰術，準備在
第二次帝國主義戰爭即將爆發的局勢下，採取工農武裝鬥爭方式，以打倒日
本帝國主義，建立工農蘇維埃政權。然而，恰在此時，中日間的軍事情勢也
日趨惡化，一時戰雲四起，臺共宣傳「第二次帝國主義戰爭已經開始」，「此
一帝國主義戰爭正是台灣革命成功的機會」，〔註70〕因此，臺共中央向農民組
合發出指示，要求農民組合開始執行武裝鬥爭政策。這種武裝鬥爭是通過赤
色救援會組織開展，由陳結在竹崎、吳丁炎在北港作準備工作，而郭常也領
導農民組合大湖及竹南永和山兩地支部，設立基地秘密訓練戰士。1932 年 1
月中日戰爭爆發，臺共認為，第二次帝國主義戰爭即將爆發，於是，指示農
組各支部準備舉行武裝起義。臺共代表郭常對永和山農組支部幹部說：「日本
軍因在上海遭到中國軍堅強的反擊而陷於苦戰中。世界列強對於日本的侵略
行為表示極大的反感，以致第二次帝國主義世界戰爭即將不可避免的爆發起
來。另一方面，中共趁此擴展黨勢，中國的中部地方已在其勢力範圍之下，
中共與臺共具有密切的關係。以解放台灣為目標的台灣革命當然會受到中共
的援助，我等必須趁此一氣呵成的實現武裝起義，而為台灣革命成功來獻身
打倒日本帝國主義，並拯救在獄中的同志們。」〔註71〕因此，劉雙鼎命令張
阿豔、徐泉坤、張子登調查竹南郡役所火藥庫、錦水及公司僚的石油廠，並
計劃炸鐵路、鐵橋、突襲郡役所，救出被捕的同志。1932 年 2 月，他們已經
開始秘密訓練，準備舉行武裝起義。〔註72〕但不幸事機洩露，大批農組成員
被捕，暴動失敗。

　　1932 年 3 月 6 日，大湖派出所巡查陳卓幹的夫人，被親戚鍾阿煌的夫人
警告說：「現在日本與中國正在戰爭，聽說日本軍在上海大敗。這是因為台灣

〔註69〕台灣總督府警務局：《台灣社會運動史——農民運動》，臺北：創造出版社 1989
　　　　年版，第 226～227 頁。
〔註70〕台灣總督府警務局：《台灣社會運動史——共產主義運動》，臺北：創造出版
　　　　社 1989 年版，第 278 頁。
〔註71〕台灣總督府警務局：《台灣社會運動史——共產主義運動》，臺北：創造出版
　　　　社 1989 年版，第 291 頁。
〔註72〕台灣總督府警務局：《台灣社會運動史——共產主義運動》，臺北：創造出版
　　　　社 1989 年版，第 292 頁。

農民組合員到上海支持中國軍的緣故。最近就要引導中國的大軍來進攻台灣，而島內的農民組合員會與中國軍互相呼應。他們預定殺死官吏、發起暴動。此命令應該會在半夜傳達，趕快把你的丈夫藏到安全的地方吧！」〔註73〕陳卓幹從其親戚口中得知農民組合準備暴動的計劃後，立即向主管鍾日紅提出報告。日警以此為線索，對農組進行偵查。3 月 12 日，大湖支部被偵破，40 多人被捕。警方為了抓獲農組幹部，費時 2 個多月，警方陸續逮捕邱天送、陳盛麟、張子登等人。9 月 22 日，日警在竹東郡寶山莊抓到劉雙鼎。永和支部被捕 2 人，劉雙鼎、郭常、邱天送 3 人被折磨致死，其餘 34 人起訴，判刑如下：

**表：大湖、永和山事件判刑表**〔註74〕

| 姓　　名 | 判　　刑 | 姓　　名 | 判　　刑 |
|---|---|---|---|
| 林華梅 | 8 年 | 鄧阿番 | 7 年 |
| 劉俊木 | 8 年 | 張阿英 | 6 年 |
| 林章梅 | 4 年 | 徐鼎坤 | 6 年 |
| 黃阿幹 | 3 年 | 呂鴻增 | 8 年 |
| 鍾阿煌 | 4 年 | 郭阿添 | 5 年 |
| 韋運明 | 7 年 | 張子登 | 7 年 |
| 溫洪江 | 6 年 | 廖阿威 | 2 年 |
| 邱煌炳 | 4 年 | 陳阿興 | 6 年 |
| 陳盛麟 | 8 年 | 陳德富 | 3 年 |
| 陳天麟 | 8 年 | 張仔旺 | 7 年 |
| 黃雲漢 | 6 年 | 曾阿盛 | 2 年 |
| 吳木清 | 5 年 | 賴細妹 | 3 年 |
| 葉木興 | 6 年 | 吳添文 | 3 年 |
| 劉喜順 | 3 年 | 吳仕南 | 2 年 |
| 張為 | 不起訴 | 李阿運 | 2 年 |
| 劉俊山 | 2 年 | 江阿榮 | 5 年 |
| 張阿豔 | 8 年 | 張阿煥 | 4 年 |

〔註73〕 台灣總督府警務局：《台灣社會運動史——共產主義運動》，臺北：創造出版社 1989 年版，第 293～294 頁。
〔註74〕 台灣總督府警務局：《台灣社會運動史——共產主義運動》，臺北：創造出版社 1989 年版，第 295～296 頁。

　　隨後日本殖民者宣佈農組為非法組織並予以解散，轟轟烈烈的台灣農民運動在日本殖民者鎮壓下失敗了。

## 三、臺共領導農民運動失敗的教訓

　　臺共領導台灣農民這段鬥爭的歷史，不僅對台灣社會產生了深遠的影響，而且在國際共產主義運動史上也寫下了重要的一頁。然而，臺共領導農民運動失敗給我們留下了許多深刻的教訓，其中有三點教訓值得我們記取：

　　第一，要善於正確處理各階級間相互關係，分清敵我矛盾和人民內部矛盾，高度重視統一戰線。1895 年日本侵佔台灣後，對台灣人民實行了殘酷的民族壓迫和殖民掠奪，使得台灣人民和日本殖民者的民族矛盾，成為當時台灣社會的主要矛盾，因此，台灣人民開展民族運動的主要對象是日本殖民者及其幫兇或「協力者」，這是日據時期台灣人民反抗鬥爭的主流。然而，除了民族矛盾之外，台灣社會同樣存在著階級矛盾，存在著地主階級與農民階級、資產階級與工人階級的矛盾，日據時期的台灣社會階級和階級鬥爭是客觀存在的事實，只不過是受民族矛盾這一主要矛盾的制約，階級矛盾居於次要的地位，服從於民族矛盾的需要罷了。

　　然而，臺共沒有從台灣社會的實際情況出發，主觀地認為：「農村內尚存在著地主的封建榨取。此等在農村內施行封建榨取的封建殘存勢力（地主），是援助帝國主義運動最有力的支柱。日本帝國主義佔領台灣後，不但未能完全消滅封建關係，更利用它進行資本的原始積累。」〔註75〕由於臺共只看到台灣地主階級與日本殖民者之間的共同利益，而沒有看到它們之間的矛盾。因此，臺共在政治綱領中提出：「實行土地革命，消滅封建殘餘勢力」，「沒收地主的土地，分與貧農、中農使用」。〔註76〕臺共的革命任務是：「排除民族資產階級的政策——民族改良主義，在農村及工場內實行猛烈的階級鬥爭與武裝暴動，顛覆帝國主義統治，建立工農民主獨裁的蘇維埃政權」。〔註77〕臺共在政治綱領中採取民族鬥爭與階級鬥爭並重的方針政策，在實踐鬥爭中採

〔註75〕台灣總督府警務局：《台灣社會運動史——共產主義運動》，臺北：創造出版社 1989 年版，第 174 頁。

〔註76〕台灣總督府警務局：《台灣社會運動史——共產主義運動》，臺北：創造出版社 1989 年版，第 170 頁。

〔註77〕台灣總督府警務局：《台灣社會運動史——共產主義運動》，臺北：創造出版社 1989 年版，第 175 頁。

取反帝反封建的革命路線,「四面出擊」、「樹敵過多」,結果使台灣農民運動遭受重創。

雖然台灣共產黨的目標是領導台灣人民推翻封建土地剝削制度,實現耕者有其田;但是台灣在日本殖民統治之下,臺、日民族矛盾成為主要矛盾的情況下,除個別的親日派地主漢奸以外,絕大多數地主富農也會參加到抗日民族統一戰線中來。台灣共產黨要做的是如何領導台灣人民趕走日本殖民者,而不是如何去深化土地革命。為了把絕大多數的地主吸收到抗日民族統一戰線中來,並減少地主對發動農民抗日的阻力,台灣共產黨應以民族利益為重,審時度勢,在堅持抗日、堅持團結、堅持進步的原則基礎上,制定出一系列新的、適應抗日形勢的方針和政策,來調整各階級、階層、政治集團之間的利益關係。在政治上做出了重大的讓步,停止使用暴力沒收地主土地分配給農民的政策,改用別的適當的方法(減租減息政策)去解決農民土地問題。減租減息的土地政策,既能照顧地主利益的同時,又能減輕廣大農民所受的封建剝削,從而改善了人民生活,激發起各階層人民抗日的積極性,有利於孤立日本殖民者,有利於奪取抗日的勝利。

第二,要合理、靈活的運用鬥爭策略。

在日本殖民當局高壓統治之下,在敵我力量十分懸殊的情況下,臺共領導農民運動應採取積極穩妥的秘密鬥爭策略,隱蔽實力,組織隊伍,積蓄力量,長期埋伏,等待時機的方針。其領導農民對敵鬥爭的策略,必須是利用一切可以利用的公開闔法的法律、命令和社會所許可的範圍,從有理、有利、有節的觀點出發,一步一步地和穩紮穩打地去進行;而不應同強大的統治階級進行毫無勝利希望的正面決戰,將臺共和農組的力量地暴露在敵人面前,招致無謂地犧牲。

然而,臺共新中央根本無視台灣革命中敵強我弱的基本事實,推行冒險主義的進攻路線,因此,臺共當前的任務「應該是把握各種機會,抓住工人與資本家、農民與地主、士兵與長官的大小衝突,激發群眾的日常鬥爭,在鬥爭中反對民族改良主義、社會民主主義、機會主義,擴大黨在群眾中的政治影響,吸收群眾集合在黨的政治口號的周圍,領導工人農民在工場與農村實行猛烈的階級鬥爭,建立無產階級在農民運動中的領導權,擴大並鞏固工農的革命組織,力求革命的均衡發展,以武裝暴動顛覆帝國主義的統治,樹

立工農民主政權。」〔註78〕為此，他們制定了一系列「左」的方針、政策，強化黨對農民運動的領導，並組織農民武裝暴動。1932 年 1 月，臺共重要成員劉雙鼎和林華梅以新竹州的大湖和竹南兩農組支部為基礎，準備舉行武裝暴動，建立蘇維埃政權，但不幸事機洩露，大批農組成員被捕，暴動失敗。〔註79〕他們幻想進行幾次「進攻」就把敵人打倒，結果把革命堡壘暴露給敵人，造成革命力量的嚴重損失。

第三，要正確對待組織內不同意見。1928 年 6 月，在臺共的影響，農民組合內部分為兩派：一是臺共派幹部，包括簡吉等人，另一是非臺共派幹部，包括楊貴、葉陶等。在農民運動問題上，兩派有很大分歧：簡吉等人主張採用激進的階級鬥爭；楊貴等人則站在民族主義的立場進行合法抗爭。由於農民組合內臺共派幹部佔據多數，對楊貴等人進行了激烈地批判。1928 年 6 月24~27 日，農民組合在臺中召開中央委員會。農組中央批判楊貴為擾亂農民組合的領導，並將其開除。楊貴遂與葉陶、謝進來發表共同聲明書，指出農民組合中央委員會以「反動」的帽子扣在楊貴身上，全然不符事實。聲明書又特別強調，在日本殖民者加強壓迫之際，台灣政治運動者更應強化統一路線。在聲明書最後提出五項呼籲：（1）反對思想對立所致的除名；（2）克服鬥爭所帶來的分裂；（3）建立批判的自由，公開的理論鬥爭；（4）確立民主主義，反對各種委員的官僚式任命；（5）反對閉鎖主義。〔註80〕

臺共派幹部在組織上搞所謂「殘酷鬥爭，無情打擊」，勢必扼殺農民組合的民主，破壞農民組合內健康和諧的政治生活，使好同志蒙受冤屈，削弱農民組合的力量。因此，我們要正確對待組織內不同意見。發揚組織民主，要允許組織內成員發表不同的意見，對問題進行充分的討論，真正做到知無不言，言無不盡。要嚴格實行不抓辮子、不扣帽子、不打棍子的「三不主義」。所謂不抓辮子、不扣帽子、不打棍子，就是禁止任意誇大一個人的錯誤，羅織成為罪狀，並給予政治上、組織上的打擊甚至迫害。組織內成員在思想認識上有不同意見和爭論是正常的。組織要善於傾聽各種不同意見，對於組織

---

〔註78〕台灣總督府警務局：《台灣社會運動史——共產主義運動》，臺北：創造出版社 1989 年版，第 184 頁。

〔註79〕台灣總督府警務局：《台灣社會運動史——共產主義運動》，臺北：創造出版社 1989 年版，第 178 頁。

〔註80〕台灣總督府警務局：《台灣社會運動史——農民運動》，臺北：創造出版社 1989年版，第 124 頁。

內成員的不同意見應當持冷靜的態度正確對待。一方面，要對不同意見作科學的、實事求是的分析，對正確的合理的意見，應當積極採納和接受；對錯誤的意見，可以給以解釋或實事求是地提出批評，不允許任意誇大，無限上綱。另一方面，對待思想認識上的是非，不能採取壓服的方法，有些思想理論上的不同認識一時解決不了，除了具有重大政治性和迫切性的問題外，一般不要匆忙下結論，可以留待以後進一步研究和經過實踐來解決。禁止在組織內把不同意見成員打成敵對分子，禁止清洗反對派。

## 第三節　台灣共產黨對工人運動的影響

在 20 世紀 20 年代末，台灣工人在台灣文化協會和民眾黨的領導和組織下，一度掀起了台灣工人運動的高潮，給日本殖民者以沉重的打擊，在近代台灣史上寫下了輝煌的篇章。然而，臺共在工人運動中所起的作用怎樣？所扮演的角色如何？迄今筆者尚未見到學界有專題探討，雖然有個別學者曾從側面涉及此事，但也是語焉不詳。有鑑於此，筆者擬根據台灣總督府警務局主編的《台灣社會運動史——勞動運動‧右翼運動》和俄羅斯國立社會政治史檔案館庫存的《台灣共產黨》檔案資料，擬就臺共對台灣工人運動的影響作一嘗試性探討，文中如有不當之處，敬請方家指正。

### 一、台灣工人運動概況

#### （一）新文協領導下的工人運動

1927 年 1 月台灣文化協會分裂後，以連溫卿、王敏川為中心的「社會主義派」取得了文化協會領導權，文協由原來從事文化啓蒙運動的團體轉變成為以階級鬥爭為主的社會主義團體。文協轉向後，立即宣佈：「台灣文化協會永遠為農、工、小商人、小資產階級的戰鬥團體」，〔註81〕並以建立工人組織為當務之急，支持和指導台灣工人的罷工鬥爭。從 1927 年 4 月起，新文協的連溫卿、王敏川在台灣各地相繼成立了台灣機械工友協會、台灣製材工聯合會、臺北印刷工會、基隆印刷工會、台灣船碳工會、台灣塗工會、通宵總工會、彰化總工會、臺南總勞工同志會等左翼工會。〔註82〕在新文協的指導下，

〔註81〕台灣總督府警務局：《台灣社會運動史——勞動運動‧右翼運動》，臺北：創造出版社 1989 年版，第 35 頁。

〔註82〕台灣總督府警務局：《台灣社會運動史——勞動運動‧右翼運動》，臺北：創

台灣工人階級反抗資本家壓迫，要求改善勞動條件，反對低工資和無理解雇的鬥爭，不斷出現高潮。在 1927～1928 年間，文協領導的罷工鬥爭主要有日華紡織會社臺北辦事處的罷工、嘉義營林所的罷工、阿里山出張所的罷工和高雄台灣鐵工所的罷工，〔註83〕其中以高雄鐵工所的罷工影響最大。1928 年 4 月 3 日，高雄台灣鐵工所的工人王風在文協的幫助下，組織成立了台灣機械工友會，並吸收該所 160 多名台灣工人參加。為破壞剛成立的工友會，第二天廠方無故將王風解雇。工友會代表郭清、陳良等人向廠方交涉，一致要求王風復職，但遭到廠方無理拒絕。4 月 7 日工友會組織鐵工所的工人舉行罷工，文協、農民組合東港支部、臺北機械工會領導人相繼趕來支持，要求廠方答應罷工工人的要求。4 月 17 日，廠方又將 120 名罷工工人開除。4 月 22 日，文協、農民組合立即向全島發出檄文，號召全島工會舉行同情罷工以及其他聲援活動。當時有 21 個工人團體予以響應，他們不僅組織 1433 人罷工，而且寄來 1000 多元和食品給予援助。〔註84〕罷工不但使鐵工所也使其他工廠的資本家意識到工人團結的力量。一些台灣機械工友會會員所屬工廠的資本家，開始對支持鐵工所的罷工的工人施加壓力；日本殖民當局更於 4 月 22 日出動警察，將在台灣機械工友會館集會、聲援鐵工所罷工的工人逮捕拘留，並查封了會館。王風由於受到警察的不斷迫害，被迫流亡到大陸。在這種情況下，罷工最終失敗。

　　自 1920 年代以來，雖然台灣各地已成立了幾十個大小工會，但它們不僅弱小而且還沒有密切的聯繫，因此各次罷工鬥爭，都不能取得滿意的結果。為了更有力地與資本家鬥爭，連溫卿深感有必要將各個左翼工人團體聯合起來，因此，他開始謀求實現成立及統一左翼工會的活動。1928 年 1 月 1 日，連溫卿聯合各地機械工會代表 78 人，在臺北成立了「台灣機械工會聯合會」，會員有 300 多人。〔註85〕1928 年 6 月，連溫卿打算在原有左翼工會的基礎上，準備成立「台灣總工會」；然而，文化協會內部在有關工人運動綱領、工會組織及名稱等諸問題上意見不一，無法形成強有力的領導力量，

　　　　造出版社 1989 年版，第 184～185 頁。
〔註83〕台灣總督府警務局：《台灣社會運動史——勞動運動・右翼運動》，臺北：創
　　　　造出版社 1989 年版，第 113 頁。
〔註84〕台灣總督府警務局：《台灣社會運動史——勞動運動・右翼運動》，臺北：創
　　　　造出版社 1989 年版，第 117～119 頁。
〔註85〕台灣總督府警務局：《台灣社會運動史——勞動運動・右翼運動》，臺北：創
　　　　造出版社 1989 年版，第 100 頁。

加上文協組織不久因新竹事件、臺南墓地事件遭到嚴重破壞，台灣工人運動的主導權逐漸轉移到了民眾黨的手中。

## （二）民眾黨領導下的工人運動

台灣民眾黨十分重視對工人運動的支持和領導。1927 年 7 月，蔣渭水等人在臺中成立了「台灣民眾黨」，就將發展工人團體和領導工人運動作爲其主要任務。民眾黨成立後，蔣渭水等人親自巡迴全島各地，舉辦演講及座談會，參與勞資糾紛，促進各業工人組織工會，開展工人運動。在民眾黨的影響下，臺北各地紛紛湧現各種以「工友會」爲名的工人團體，到 1927 年底民眾黨領導下的工人組織就有 21 個，工人 3000 多名。隨著工友會創立運動的進展，蔣渭水爲了統一領導工會運動，強化對黨的支持，因而提倡建立一個全島性的工會——工友總聯盟。經過一番籌備，在台灣民眾黨的領導下，1928 年 2 月 19 日，在臺北市召開「台灣工友總聯盟」成立大會，當時加盟的一共有 29 個工人團體，其宗旨是「謀求工人、店員之利益、幸福及其生活之提升。」〔註 86〕其任務是幫助台灣工人、店員團體的發展，統一全島工人團體，集中領導全島的工人運動，並想辦法解決工人失業問題及設置職業介紹所，以保護台灣工人、店員的利益。〔註 87〕「台灣工友總聯盟」在《創立宣言》中強調「我等台灣的勞動階級占農、工、商、學四民中第二多數，至少有百餘萬人，實爲台灣民眾中之重要部分。觀察我等台灣人之環境及地位，不得不感覺我等勞動階級之歷史使命極其重大。故我等應自我體認爲民眾解放運動的前鋒隊，非勇往邁進不可。……努力奮鬥意欲成爲擁護勞動階級權利的總機關，爲勞動階級的政治、經濟、社會的解放運動擔任前衛隊，以完成台灣勞動階級的歷史使命。」〔註 88〕

相對新文協而言，民眾黨領導下的工人運動更具組織性和鬥爭能力，規模和影響力也要大得多。工友總聯盟成立之初即有團體會員 29 個，個人會員6367 人，1928 年底猛增至團體會員 65 個，個人會員達 7816 人。〔註 89〕民眾

〔註86〕 台灣總督府警務局：《台灣社會運動史——勞動運動・右翼運動》，臺北：創造出版社 1989 年版，第 72 頁。

〔註87〕 台灣總督府警務局：《台灣社會運動史——勞動運動・右翼運動》，臺北：創造出版社 1989 年版，第 72～73 頁。

〔註88〕 台灣總督府警務局：《台灣社會運動史——勞動運動・右翼運動》，臺北：創造出版社 1989 年版，第 76 頁。

〔註89〕 台灣總督府警務局：《台灣社會運動史——勞動運動・右翼運動》，臺北：創

黨指導工友總聯盟所開展的工運也頗有成就。在工友總聯盟成立後的一年多的時間，各地就進行了大小不等的罷工 19 次，其中高雄淺野水泥會社罷工事件更是將台灣工人運動推向新的高潮。1927 年底，位於高雄的淺野水泥會社借經濟不景氣解雇大批工人，卻不給遣散費，這使工人十分憤慨。1928 年 3月，一名原工廠的工人因被警察抓走而被工廠解雇，釋放後他要求復職爲廠方所拒絕。當時該水泥廠的工人多加入高雄機械工友會，工會負責人黃賜發動工人支持他，卻又被廠方藉此開除 41 名工人。於是黃賜組織 700 多工人在 4 月 13 日進行罷工。民眾黨蔣渭水等人趕到高雄進行聲援，並舉行演講呼籲各界進行支持。會社反而更變本加厲，又將 178 名工人開除。蔣渭水決定在工友總聯盟設立專門機構，協助淺野的工人進行長期罷工。然而，在 5 月 13日黃賜等 31 名組織罷工的骨幹被警察逮捕，工人群龍無首，罷工即告失敗。〔註90〕高雄的淺野水泥罷工，其所持續日數之長，以及罷工團體陣容之整齊，實爲台灣空前所未有的大罷工。

## 二、台灣共產黨反對連溫卿組建台灣總工會

1928 年臺共建黨時，在「工人運動對策提綱」規定了台灣工人運動的方針，該方針主要內容如下：「台灣的左翼勞動組合在文化協會的指導下蒙受福本主義的影響而陷於宗派主義的謬誤，右翼工會則被民眾黨幹部改良主義之欺瞞所誤導。故黨應該派黨員到勞動運動的前線，以克服左翼工會的謬誤，暴露右翼工會指導者的欺瞞，使工會大眾左翼化，展開左右兩翼的共同戰線，以促進台灣總工會的組成，再以此爲產業別、地方別組織來設置工會支部，置於黨的影響下，從日常鬥爭中吸收優秀工人分子到黨來，將所有的鬥爭導向無產階級專政的方向，加盟工會國際以遂行無產階級的國際性任務。」〔註91〕該方針的實質是將台灣左、右翼工會聯合起來，建立工人運動統一戰線，以便將台灣的工人運動置於臺共的領導之下。

1927 年在文化協會發生分裂以及台灣民眾黨成立後，台灣工人團體分爲兩大陣營：一是文協領導的「左翼」工會，即由台灣文化協會組織起來的台

---

造出版社 1989 年版，第 77 頁。

〔註90〕台灣總督府警務局：《台灣社會運動史——勞動運動・右翼運動》，臺北：創造出版社 1989 年版，第 90～92 頁。

〔註91〕台灣總督府警務局：《台灣社會運動史——勞動運動・右翼運動》，臺北：創造出版社 1989 年版，第 123 頁。

灣機械工會聯合會；另一是台灣民眾黨組織的「右翼」工會，即由蔣渭水所領導的台灣工友總聯盟。這兩個陣營在指導工人運動思想上有很大的差異。新文協主張階級鬥爭：「我等致力於改善勞動條件，謀求勞工生活之提高及安定，爲使勞動階級脫離資本主義制度的支配，乃根據階級觀念，集中大眾的意識與行動，以發揮最大的鬥爭力量，鞏固組織進行鬥爭，對抗資本之榨取及其擁護者階級，期以達成解放勞工階級爲原則」。〔註92〕而民眾黨則強調階級調和。蔣渭水在《我的主張》一文中稱：「我們在政治上主張民主主義，經濟上倡導勞資協調。黨的運動規定爲，全民運動和階級運動同時並行。尤其不寫爲『階級鬥爭』而寫爲階級運動，是基於勞資協調的意思。」〔註93〕台灣民眾黨主張階級調和的目的在於推動全民運動向前發展。民眾黨曾明確表示：「本黨站在代表農工利益之地位，合理調節階級間的問題，使之不致阻礙全民運動的前進。」〔註94〕雖然左翼工會多次表達加入右翼工會，但右翼工會擔心吸納左翼之後會導致勞資談判破裂，因此，「他們不顧左翼工會懇切的加入要求，以擾亂組合爲理由一口拒絕。」〔註95〕

面對工人運動的分歧以及來至民眾黨的威脅，連溫卿擔心台灣工人運動會被右翼的力量所把持，認識到統一左翼工會的重要性。爲了和蔣渭水組織的台灣工友總聯盟相抗衡，爭奪對工人運動的領導權，1928 年 6 月 3 日，連溫卿召集受他領導和影響的 25 個工會代表在臺北召開會議，準備成立台灣總工會。〔註96〕然而，會議期間北部和南部的工會代表對於是否要成立台灣總工會產生分歧。以王敏川爲首的中南部代表認爲「既然已有台灣工友總聯盟的統一團體存在，卻仍然進行總工會組織，乃徒然分散工會勢力，妨礙勞動者的幸福，故應該促使工友總聯盟的反省與合作。」但是以連溫卿爲首的北部工會代表則認爲「工友總聯盟設立當時，吾等團體雖申請參加但有被拒絕之事實。此乃表示工友總聯盟並非解放無產階級，引導幸福之統一組織，不

〔註92〕台灣總督府警務局：《台灣社會運動史——勞動運動・右翼運動》，臺北：創造出版社 1989 年版，第 101～102 頁。

〔註93〕台灣總督府警務局：《台灣社會運動史——政治運動》，臺北：創造出版社 1989 年版，第 131 頁。

〔註94〕台灣總督府警務局：《台灣社會運動史——政治運動》，臺北：創造出版社 1989 年版，第 157 頁。

〔註95〕台灣總督府警務局：《台灣社會運動史——勞動運動・右翼運動》，臺北：創造出版社 1989 年版，第 127 頁。

〔註96〕連溫卿：《台灣政治運動史》，臺北：稻鄉出版社 1988 年版，第 186 頁。

過是民眾黨的傀儡而已」，〔註97〕因此，連溫卿提議「鑒於本島現狀，統一左右兩派工會有相當困難，則暫時以我們的團體增加統一之實」。〔註98〕王敏川派認為：工人沒有左翼和右翼之分，應該團結和爭取台灣工友總聯盟，一起組成統一的「台灣勞動統一運動聯盟」，如果現在「只是使左翼（工會）進行全島的結成，會使左右兩翼的對立尖銳化，使統一成為不可能」。〔註99〕最後大會表決通過組織「台灣勞動運動統一聯盟」的決議並組成籌備委員會。這樣，雖然在表面上將北部代表的意向壓下而暫時決議成立「統一聯盟」，但這並非思想上的屈服，北部的工會代表無從諒解「台灣勞動運動統一聯盟」成立的意義及目標，因此新文協逐漸發展成王敏川與連溫卿兩派的對立。連溫卿認為在當前建立「台灣勞動運動統一聯盟」幾乎不可能，因此決意先組織工會臨時評議會，然後逐漸擴充，以謀求全島性左翼工會的統一。1928 年 7 月 20 日，連溫卿在臺北召集「工會臨時評議會籌備會」，試圖以臨時評議會的名義建立統一的工會組織，但是遭到王敏川派的反對，再加上此時臺南廢除墓地事件發生，連溫卿等文協領導人被捕，籌備委員會的活動沒有獲得任何成果。

對於「連溫卿試圖整合左翼工會籌建台灣總工會」的主張，以謝雪紅為首的臺共中央也堅決反對，其理由是：「第一、勞動者沒有所謂左翼、右翼之分，對資本家有同一利害關係。所以，在左翼組合的全島性聯合統一以前，只以左翼來做全島性結成，自然使左右兩翼的對立尖銳化，使統一不可能。第二、全島單一工會的結成非經過長期鬥爭不可。所以，將左翼總工會即時結成，不能真正以大眾為基礎。結果，僅僅是幹部的湊集而已。第三、雙重工會主義（亦即左右翼分開），在國際上已被認定為謬誤。」〔註100〕由于連溫卿派籌建台灣總工會的行為背離了臺共指導工人運動的路線，所以臺共對連溫卿派展開猛烈地抨擊：「連溫卿一派之所謂全島左翼總工會結成，根本與吾人對立，不但有否定共產黨之意味，也拒絕左右翼共同戰線之意味，此為徹

〔註97〕 台灣總督府警務局：《台灣社會運動史——勞動運動‧右翼運動》，臺北：創造出版社 1989 年版，第 109 頁。

〔註98〕 台灣總督府警務局：《台灣社會運動史——勞動運動‧右翼運動》，臺北：創造出版社 1989 年版，第 111 頁。

〔註99〕 洪朝宗：《全島四十勞動團體代表，於 3 日彙集蓬萊閣努力統一全島勞動運動！》，《台灣大眾時報》1928 年 6 月 25 日。

〔註100〕 台灣總督府警務局：《台灣社會運動史——勞動運動‧右翼運動》，臺北：創造出版社 1989 年版，第 129 頁。

頭徹尾分裂之合理化論。主張分裂之永久存在之必然的社會民主主義者之分裂論，彼實就以山川解黨主義之主張，而假以福本之分裂主義的美好幌子。……吾人在此須擴大革命勢力，是故與連溫卿一派之左翼社會民主主義者之鬥爭，有再度強調之必要。」〔註 101〕在臺共看來，文協領導人連溫卿不但應在政治上受到譴責，而且還應在組織上作根本變更，以確保台灣工人運動嚴格按照臺共所指引的路線前進。臺共在《我們對左派鬥爭》中強調：「在初期應掃除左派首領等的根本錯誤，奪取其領導機關，將左派工會置於黨的影響下，建立左派工會中黨的堅固基礎。」〔註 102〕1929 年 11 月，臺共掌握文協領導權後，在文協第三次全島大會上，將連溫卿視為左派社會民主主義者，而將他開除會籍。

## 三、臺共領導下的工人運動

### （一）共產國際調整了臺共的工人運動指導方針

由於臺共還處於幼年時期，對工人運動的規律和特點都懂得不多，當時的臺共中央曾片面地認為：工人階級是一個整體，沒有左翼、右翼的區分，需團結在一起；擔心左翼總工會的建立，會破壞工人運動統一戰線。因此，臺共竭力反對連溫卿建立台灣總工會主張，這實際上就是放棄了左翼工會對工人運動的領導。連溫卿被開除後，右翼工會不僅形式上有一個統一的工會組織——台灣工友總聯盟，而且大部分工人都在它的領導之下；而左派工會只有地方的組織，不僅力量分散，而且還很薄弱，尤其是在重要產業方面，如大工廠、礦山、交通運輸部門，還沒有工人的組織，這種情況與工人群眾的鬥爭要求是極其不相適應的。對於「臺共片面地強調工人統一戰線而反對組織左翼總工會」的論調，共產國際對臺共予以嚴厲地批評：「在對工會運動戰術上，臺共犯下了嚴重的機會主義錯誤。在過去，臺共提出過為了建立工會運動的統一戰線，左翼工會不應該貿然推動組織全臺總工會的主張，所宣稱的理由是，組織總工會將加速與右翼之間的矛盾浮現，妨礙工會統一戰線的維持。這是一項嚴重的錯誤。這種錯誤戰術等於是讓左翼工會成為一支沒有指揮總部的軍隊，等於是宣告放棄與黃色工會戰鬥的根本任務。這種錯

〔註 101〕連溫卿：《台灣政治運動史》，臺北：稻鄉出版社 1988 年版，第 219 頁。
〔註 102〕台灣總督府警務局：《台灣社會運動史——共產主義運動》，臺北：創造出版社 1989 年版，第 46 頁。

誤是因為臺共對於工會統一戰線運動，是要讓更多群眾參加革命鬥爭的戰術無知所造成。這是一種和平統一工會的錯誤幻覺，這也表示忽略了必須了成立整體組織與建立左翼工會陣營來與黃色工會對抗的任務。事實上，這等於是與黃色工會妥協，是一種幫助黃色工會發展的機會主義錯誤路線。」〔註103〕「其實，策略性地建立赤色總工會，不但不會帶來任何損失，相反的，處於右翼影響下的工人在意識到赤色工會的革命作用之後，會發動鬥爭、反對自己的頭領，轉身投向革命的工會組織。」〔註104〕為了推動工人運動的發展，共產國際東方局要求臺共重新調整工人運動指導方針，因此，臺共中央書記林木順向島內臺共發出以《勞工階級的階級性結成與黨的任務》為題的指示，該指示要求臺共團結島內各個零散的工會左派勢力，組織共同鬥爭委員會，以期組成左派為中心的台灣總工會。〔註105〕1930年共產國際在《致台灣共產主義者的信》中再次強調：「你們面臨的任務是：發展工會運動，在工會運動中鞏固你們的領導作用。……你們近來大大弱化了自己在工會運動中的地位；在工會分裂以後，更是如此。你們應該採取措施，鞏固業已存在的赤色工會，在沒有赤色工會的行業建立新的赤色工會。這項工作不可從組織純粹的上層機構開始，而必須從下層、從企業入手，這樣就能確保我們各個工會的實際能力和穩固性。另一方面，你們應該派出專門的同志前往黃色的、有一定規模的工會，進行分化瓦解，把群眾爭取到我們這邊。」〔註106〕按照這一指示，臺共從三個方面開展工作。一是取得左翼工會的領導權並使右翼工會左傾化；二是在產業工人中建立工會組織；三是籌建台灣赤色總工會。〔註107〕

## （二）臺共不僅獲取左翼工會的領導權，而且促使右翼工會左傾化

臺共掌握文協領導權後，派出臺共幹部王萬得、楊克培等人去最大左翼

---

〔註103〕《台灣共產黨的政治大綱草案》，俄羅斯國立社會政治史檔案館，檔案號：全宗495／目錄128／案卷5，第30頁。

〔註104〕《林日高的報告》，俄羅斯國立社會政治史檔案館，檔案號：全宗495／目錄128／案卷6，第59頁。

〔註105〕台灣總督府警務局：《台灣社會運動史——勞動運動‧右翼運動》，臺北：創造出版社1989年版，第124頁。

〔註106〕《共產國際執行委員會遠東局致台灣共產主義者的信》，俄羅斯國立社會政治史檔案館，檔案號：全宗495／目錄128／案卷1，第4頁背面。

〔註107〕台灣總督府警務局：《台灣社會運動史——勞動運動‧右翼運動》，臺北：創造出版社1989年版，第134頁。

工會——台灣機械工會聯合會工作，並成功地將它轉化成為臺共領導下的勞工團體。1930年2月10日，台灣機械工會聯合會在臺北召開第二次全島代表大會，這次大會完全按照臺共的指示提出了新的議案，審議的議案有「彈劾官憲的陰謀性、意識性的拘留、檢舉；要求言論、出版、集合、結社的自由；支持中國革命案；擁護蘇聯勞農政府之案；反對台灣總督專制政治案；反對產業政策、土地政策案；反對惡法案；反對帝國主義戰爭案」。〔註108〕這次大會後，台灣機械工會聯合會已完全置於臺共的領導之下。

臺共骨幹王萬得、楊克培潛入台灣民眾黨領導下的工友總聯盟後，其成員逐漸受到臺共的影響。〔註109〕1931年2月2日，台灣工友總聯盟在臺北召開第三次代表大會，強調在開展民族運動的過程中也應進行階級鬥爭，以謀求無產階級的徹底解放，為此，工友總聯盟將原來溫和的規約條例修改為激進的規約。修改後的規約中提出「根據階級意識謀求無產階級的解放，撤廢日臺工人的工資差別，要求男女同工同酬，要求言論、集會、結社的自由，要求普選自治」等激進主張。〔註110〕它還宣稱：「我們最應該考慮的是：勞動階級的解放運動不應以經濟鬥爭為目的，終極目標應該在於政治的解放鬥爭這個事實。殖民地勞動階級基於其特殊環境，當然視政治鬥爭為重要關鍵。而其政治鬥爭，當前的目標為獲得政治的自由。」〔註111〕台灣工友總聯盟強烈的無產階級革命色彩使得日本殖民者十分驚恐，他們採取了強力鎮壓政策，工人運動的主要領導力量民眾黨於1931年2月被取締，1931年8月蔣渭水病逝，台灣工友總聯盟也就隨之沒落。

## （三）在產業工人中建立工會組織

臺共以島內主要產業部門為重點，派出幹部深入到工會組織尚未開拓的領域，如北部礦山、鐵路及其他主要交通機關建立工會組織。1929年，蘇新、蕭來福接受臺共的指派而致力於工人運動，他們在極其惡劣的環境下，深入林場、工礦，當過林場工人、煤礦工人，組織工會和發展黨員。1930年，由

---

〔註108〕台灣總督府警務局：《台灣社會運動史——勞動運動‧右翼運動》，臺北：創造出版社1989年版，第106～107頁。

〔註109〕台灣總督府警務局：《台灣社會運動史——勞動運動‧右翼運動》，臺北：創造出版社1989年版，第134頁。

〔註110〕台灣總督府警務局：《台灣社會運動史——勞動運動‧右翼運動》，臺北：創造出版社1989年版，第80～81頁。

〔註111〕台灣總督府警務局：《台灣社會運動史——勞動運動‧右翼運動》，臺北：創造出版社1989年版，第85頁。

於臺共黨員的艱苦努力,臺共在各方面的工作,都取得了很大的成就。在礦工中,臺共在瑞芳、猴洞、金瓜石等地煤礦和金銅礦區都發展了黨的組織,也成立了有 150 人的工會籌備會;在鐵路工人中,這時在臺北至基隆一段,在宜蘭線和在其他不少火車站都建立了臺共領導的職工組織,甚至有幾個車站的全體職工都在臺共的影響之下,控制了火車站,不少革命的工人——列車長成爲臺共的積極支持者,爲臺共完成了許多重要交通任務;臺共並與日本船員建立聯繫,經過他們的手輸入了大批日本共產黨的機關報、刊物;臺北市的公共汽車司機,也在臺共的影響下籌備了他們工會組織;在高雄鐵道部所屬機械廠、高雄淺野水泥廠等企業,都發展了臺共的組織和工人的組織,這一年,臺共領導這些工廠工人進行了反資本攻勢的鬥爭;在發展臺共的組織工作中,也吸收了宮本新太郎、津野助好等日本工人入黨,加強了對在台灣的日本勞苦群衆的團結,擴大了反對共同敵人的戰線。〔註112〕

### (四)臺共籌建赤色總工會

1930 年 10 月 27 日,台灣共產黨舉行擴大中央委員會,認爲「爲了使台灣紅色總工會組織籌備具體化,有必要設置統一指導各個紅色工會組織運動的機關」,因此決議設置「臨時工會運動指導部」,並決定由王萬得、蘇新、蕭來福擔任負責人。12 月 28 日,王萬得、蕭來福、蘇新三人進行討論如何具體化,結果決定如下事項:1. 關於臨時工會運動指導部的設置,先召集全島各地從事工會運動者,組織台灣紅色總工會組織籌備委員會,在總工會尚未成立之前,以籌備委員會爲全島的指導部。而關於工會的組織方面,先由上級組織具有意識的產業別工會,以邁向建設總工會。2. 該組織籌備委員會成立之時,須各製作礦山工會、出版工會、交通運輸工會的組織方針、運動方針、會則、行動綱領等等。會議結束之後,他們將決議報告給謝雪紅,但謝雪紅卻提出反對意見,認爲「現在產業別工會尚未擁有鞏固的組織,卻先組織總工會組織籌備委員會,這是本末倒置。應該盡全力先努力建設產業別工會,總工會在這個基礎上自然會發達起來」。〔註113〕這番言論,自然與王萬得、蘇新、蕭來福的方針完全相反,因此,王萬得等三人認爲謝雪紅的意見是機

---

〔註112〕 楊克煌:《台灣人民民族解放鬥爭小史》,武漢:湖北人民出版社 1956 年版,第 144 頁。
〔註113〕 台灣總督府警務局:《台灣社會運動史——勞動運動·右翼運動》,臺北:創造出版社 1989 年版,第 142 頁。

會主義,所以照常進行組織籌備委員會的方針。在這之後,三人逐次起草總
工會組織籌備會、礦山工會、交通運輸工會與出版工會的組織及運動方針,
謀求促進組織籌備委員會。然而 1931 年 3 月至 6 月,日本殖民者抓住線索,
對臺共進行全島大檢舉,謝雪紅、王萬得等大批共產黨員被捕,隨著共產黨
組織遭到破壞,臺共籌建台灣赤色總工會活動也就戛然而止。

## 四、臺共領導工人運動失利的原因

曇花一現的台灣工人運動,最終走向沒落。關於臺共領導工人運動失利
的原因,筆者認為主要有以下三點:

### (一)推行「一切鬥爭,否認聯合」的「左」傾關門主義錯誤政策

1895 年日本佔領台灣後,對台灣人民實行了殘酷的民族壓迫和殖民掠
奪,使台灣人民和日本統治者的民族矛盾,成為當時台灣社會的主要矛盾,
其他的一切矛盾,如台灣人民內部各個階級,各種政治集團之間的矛盾,都
下降為次要和服從的地位。因此,台灣革命的首要任務,就是要打倒日本帝
國主義,推翻它在台灣的殖民統治,達到台灣人民的民族解放。可是,日本
殖民者掌握著台灣的一切權力機構,他們以總督的專制獨裁權力為主,輔以
無所不管的「萬能」警察和嚴酷的保甲制度,在台灣建立了一套嚴密完整的
統治制度。在他們的後面,又有龐大的日本帝國主義作為後盾。因此,當時
敵人的力量是強大的。為要戰勝日本帝國主義這個強大敵人,台灣工人階級
必須團結台灣一切願意反對帝國主義的階級、階層、黨派、團體及個人,組
織廣泛的民族統一戰線。然而,臺共在工人運動中推行「左」傾關門主義,
採取「一切鬥爭,否認聯合」的錯誤政策,一味地強調階級鬥爭,「階級對立
的尖銳化及階級鬥爭的激烈化為目前客觀情勢之最大特徵」〔註114〕,「台灣資
產階級非但不屬於革命的力量,相反更成為革命的阻礙物」,〔註115〕錯誤地將
台灣的資產階級當作敵人而加以嚴屬打擊,使台灣的工人運動事業遭受重大
損失。在民族解放的鬥爭中,工人運動如果不能正確地對待和資產階級的統
一戰線,正確處理民族鬥爭與階級鬥爭的關係問題,那她就不可能做到政治

〔註114〕 台灣總督府警務局:《台灣社會運動史——勞動運動・右翼運動》,臺北:創
　　　　造出版社 1989 年版,第 124 頁。
〔註115〕 台灣總督府警務局:《台灣社會運動史——共產主義運動》,臺北:創造出版
　　　　社 1989 年版,第 176 頁。

鬥爭與經濟鬥爭的結合，經濟鬥爭服從政治鬥爭，就無法做到使運動的當前利益、局部利益，與工人階級的長遠利益、整體利益統一起來。工人階級也就無法做到最大限度地發展自己，孤立敵人。因此，臺共只有在堅持抗日共同利益的基礎上，協調好工人階級和台灣資產階級經濟利益，才能夠更好地開展工人運動。

### （二）台灣工人集中度低，不易組織

日本佔據台灣之後一直將台灣視爲日本的農業基地，工業發展是相當緩慢。到 20 世紀 20 年代後期，大規模的近代工廠或礦場還很少，根據 1927 年的調查，工廠總數 3646 家，其中員工 15 人以下的占 77.5%（約 2800 家），100 人～200 人的僅 104 家，200 人以上的只有 58 家。而礦場 223 所中，礦工 200 名以上的才有 22 所（約 10%），〔註 116〕因此組織大規模的工人團體不易。另一方面，台灣的近代產業工人很少，大量的是舊式的手工業工人和季節工。根據 1930 年的調查，流動性很大的臨時工、日薪工就有 421976 人，占全部勞工總數的 73.3%，而產業工人約爲 15 萬人左右。〔註 117〕工人隊伍結構的穩定性差，工人團體不易組織。同時，工廠或礦山工人大多數還不夠專業而未脫離由農村外出打工的狀態，所以在勞資紛爭進入僵局時，罷工的員工往往回歸農村或轉業謀生，導致罷工失敗。

### （三）日本殖民者的壓制

日本殖民者始終對台灣人的工會組織抱著警惕之心，一旦發現工會有不利其統治的言論，立即對工會組織進行無情的打壓。1930 年臺共在給共產國際的報告中稱：「沒有任何左派工會、農民組合、研究會或是演講俱樂部等組織能夠合法存在。如果被發現有左派工會存在，警察會立即進行干預，富有戰鬥性的工會成員很可能會被拘捕。台灣有將近 20 個農民組合，其中的 4～5 個已遭到政府強制解散。其他一些組織的積極分子也曾遭到逮捕與處罰，這些組織皆因此而分崩離析。」〔註 118〕在這種極爲不利的外部環境下，台灣工人運動終走向沒落。

---

〔註 116〕台灣總督府警務局：《台灣社會運動史——勞動運動·右翼運動》，臺北：創造出版社 1989 年版，第 1 頁。

〔註 117〕台灣總督府警務局：《台灣社會運動史——勞動運動·右翼運動》，臺北：創造出版社 1989 年版，第 11 頁。

〔註 118〕《日本帝國主義鐵蹄下的台灣》，俄羅斯國立社會政治史檔案館，檔案號：全宗 495／目錄 128／案卷 14，第 132 頁。

# 結　語

　　日據時期日本在台灣實行了一整套殖民統治制度，其殘暴和苛酷程度爲世界殖民史所罕見。日本人在政治、經濟、教育及社會生活各個方面都享有特權，而台灣人則是被統治、被奴役者，政治上沒有發言權，經濟上受盡剝削，社會生活上受盡歧視，完全淪爲當時台灣社會的「劣等公民」。日本殖民者在方方面面壓制台灣人，台灣人與日本人之間的矛盾，成爲整個台灣社會的主要矛盾，並日益尖銳。自 1895 年以來，台灣人民爲反抗殖民壓迫、爭取民族的解放與日本帝國主義進行了不屈不撓的鬥爭。1895～1915 年，台灣人民進行的武裝鬥爭，一一遭到失敗，這樣就使得他們意識到在敵我力量對比懸殊的情況下，依靠死拼的武裝鬥爭是無法取得勝利的，迫使台灣先進分子開始尋求新的反抗日本殖民統治的道路。

　　1915 年前後，日本在台灣的殖民統治漸趨穩定，台灣的民族資產階級、無產階級等新的社會力量逐漸興起，加上全球性民族解放運動的國際聲浪，台灣人民的反日鬥爭進入了民族解放運動時期。以林獻堂爲代表的台灣地主資產階級試圖通過體制內的合法鬥爭的方式，來爭取參政權，以減輕台灣人民所受的專制統治的痛苦。然而，日本殖民者是不會給台灣人民以任何政治權利的，20 世紀 20 年代前後台灣資產階級領導的「『六三法』撤廢運動」和「台灣議會設置運動」，相繼失敗。因此，台灣人民要獲得當家做主的權利，只有用革命鬥爭的手段，推翻日本的殖民統治。臺共的成立，恰好適應了台灣人民反日抗殖鬥爭不斷發展的形勢和時代的要求。

　　臺共的成立，使台灣人民的反日抗殖和反對封建主義的鬥爭進入到一個新的歷史階段，台灣人民的革命鬥爭，融入到了世界無產階級革命的洪流之

中。臺共成立後，雖然面臨十分險惡的鬥爭環境，但臺共黨員在島內不屈不撓地開展一系列的鬥爭。臺共十分重視對農民、工人的工作，派遣幹部進入農民組合和工會，擴大黨的影響力，引導工農運動的擴展。在臺共積極活動下，農民組合的工作實際為臺共所主導，其鬥爭日益體現出革命性和戰鬥性。在工人運動方面，臺共黨員深入群眾，宣傳馬克思主義，組織工會，號召工人起來鬥爭，並積極準備建立全島性的工會組織──紅色總工會。由於文化協會在台灣具有重大的影響力，所以臺共便把它作為重要的爭取和聯合對象。在臺共黨員的引導下，文化協會成為臺共的外圍組織。以臺共為領導的、以工農民眾為主體的、聯合小資產階級的反抗日本帝國主義的革命勢力正在形成和發展。依據臺共 1931 年政治綱領，臺共打算採用武裝鬥爭的方式建立蘇維埃政權。臺共先後組織人員在嘉義的竹崎、北港進行訓練，準備實施武裝暴動，遭破壞後，又以大湖、竹南農民組合支部為中心，組織暴動準備工作。然而，事機不慎洩露，大批成員被捕，暴動失敗。臺共領導的革命鬥爭，改變了資產階級領導的體制內鬥爭的沉悶氛圍，從鬥爭方式到內容，都與世界無產階級革命同步。這一新的革命面貌，極大地推進了台灣民族民主革命的進程，鼓舞了台灣同胞抗殖反帝的鬥爭意志，沉重打擊了日本殖民統治的根基。

由於日本殖民者對台灣實行總督專制和警察強化統治，臺共處於險惡的鬥爭環境之中。從國際共產主義運動的角度看，臺共又處於特殊地位，臺共是日共的一個民族支部，在組織上屬於日共，然而，後來由於日共黨組織屢遭日本政府的破壞，臺共和日共的關係中斷，臺共更多地是在共產國際東方局和中共指導下開展活動的。20 世紀 30 年代初，貫穿於共產國際和中共的「左傾」冒險政策也影響到臺共。1931 年 7、8 月間，日本殖民者在全臺大肆搜捕臺共黨員，黨的領導人和大批黨員遭逮捕，臺共組織和黨中央受到嚴重破壞，臺共從此陷入癱瘓狀態。

臺共的成立是台灣人民抗日反殖鬥爭的迫切要求和台灣社會歷史發展的必然結果。雖然臺共存在的時間短暫，但它「在本島左翼運動中留下了甚大的業績」。〔註 1〕臺共領導的這段鬥爭的歷史，不僅對台灣社會產生了深遠的影響，而且在國際共產主義運動史上也寫下了重要的一頁。

---

〔註 1〕 「台灣總督府警務局」：《台灣社會運動史──共產主義運動》，臺北：創造出
版社 1989 年版，第 215 頁。

　　臺共失敗給我們留下了許多深刻的經驗教訓，其中有兩點經驗值得我們記取：

　　第一，無產階級政黨必須堅持實事求是和獨立自主原則。1931 年，以王萬得為首的臺共新中央置台灣實際情況於不顧，把蘇聯經驗和共產國際決議神聖化，機械地照搬共產國際「第三時期」理論，教條地、忠實地執行共產國際「左」傾指示，結果招來日本殖民者瘋狂地鎮壓，釀成了臺共失敗的悲劇。這一慘重的後果說明：無產階級政黨要想革命取得成功，就必須把馬克思主義的基本理論與當地實際相結合，堅持實事求是原則，堅持獨立自主原則。注意學習和借鑒外國經驗是必要的，但是把馬克思主義教條化，把外國經驗神聖化，則從來不能獲得成功。無產階級政黨要加強自身的思想建設和組織建設，堅決反對教條主義和把別國經驗神聖化。

　　第二，無產階級政黨要善於正確處理各階級間相互關係，分清敵我矛盾和人民內部矛盾，高度重視統一戰線。台灣是一個殖民地的社會。1895 年日本佔領台灣後，對台灣人民實行了殘酷的民族壓迫和殖民掠奪，使台灣人民和日本統治者的民族矛盾，成為當時台灣社會的主要矛盾，其他的一切矛盾，如台灣人民內部各個階級，各種政治集團之間的矛盾，都下降為次要和服從的地位。因此，台灣革命的首要任務，就是要打倒日本帝國主義，推翻它在台灣的殖民統治，達到台灣人民的民族解放。可是，日本殖民者掌握著台灣的一切權力機構，他們以總督的專制獨裁權力為主，輔以無所不管的「萬能」警察和嚴酷的保甲制度，在台灣建立了一套嚴密完整的統治制度。在他們的後面，又有龐大的日本帝國主義作為後盾。因此，當時敵人的力量是強大的。臺共要推翻日本在台灣的殖民統治，就必須團結一切可以團結的民族力量，建立廣泛的民族統一戰線。

　　為了使台灣人民徹底擺脫日本的殖民統治，孫中山曾提出了聯合世界被壓迫民族反對壓迫者的革命主張，號召台灣同胞應在世界範圍內建立廣泛的抗日統一戰線，以打倒強大的日本帝國主義。戴季陶在《孫中山與台灣》的演講稿中說：「為脫離日本帝國主義的壓迫，台灣民眾倡議『台灣議會』，說來也不過是一時的權宜之計而已。那麼，我們台灣民族運動究竟要如何才能擊垮世界的帝國主義者呢？答案只有一個，就是團結所有帝國主義下的被壓迫民族及一切弱小民族，組成一條堅強的聯合陣線，為打倒帝國主義而共同奮鬥。此外別無他策。換言之，如果我們台灣、印度、菲律賓及全世界弱小

民族不能聯合、擴大戰線、積極向我們的敵人進攻的話，全世界的革命便沒有成功的指望。」〔註2〕不僅如此，孫中山還根據台灣人民反日革命鬥爭的需要，提出「聯俄」的主張，其目的是旨在通過聯合蘇聯來達到聯合世界被壓迫民族和無產階級，建立國際反帝統一戰線，以共同打倒帝國主義。戴季陶講：「總理孫中山先生曾對我們說：不要讓日本阻擋蘇聯跟台灣及朝鮮相互間的聯絡交通。這就是指明我們台灣應和蘇聯交往的意思。這是我們的目標。」〔註3〕「這種（東西兩洋被壓迫階級的）運動如能以同一種精神結合，為打倒帝國主義者而努力的話，我們的希望、我們的成功、亦即我們最後的勝利是可以肯定的。所以，我們必須聯合起來從事鬥爭。……我中國民族同志要和台灣同胞和朝鮮聯合起來，共同奮鬥，時時刻刻都朝這個目標努力前進，以實行我們總理的遺訓。我們要求解放，要求全世界的解放，要求全世界被壓迫民族的解放！這是我們一刻不可或忘的。」〔註4〕

　　孫中山對台灣民族運動的主張，使台灣青年產生了共鳴。「廣東台灣革命青年團」認為：「四面環海的小台灣，絕對不能單以自己的力量，爭取到最後的勝利，所以復改變方針，實行『善戰者不怒，善勝敵者不與』的革命方式，儘量利用外力去進攻敵人，使敵人內叛外亂，令其分崩離析，而至於滅亡。這種革命策略，可以說是由我們的革命同志共同決定，而實踐到日本顛覆為止的。」〔註5〕1927 年 3 月 5 日「廣東台灣革命青年團」領袖張深切在《台灣要怎樣革命》一文中，明確地提出反日革命的方向：「就是全世界的弱小民族，被壓迫階級共同合作起來，打碎全世界的帝國主義的鐵鎖，完全享受民族解放」，「四百萬的台灣同胞！起來吧！全世界十二萬萬五千萬的被壓迫民族和被壓迫階級，在看、伸手招呼我們好久了。我們應該要同他們攜手聯合起來，……造成鞏固的戰線，向我們的敵人帝國主義者進攻。」〔註6〕1927 年 5 月 1 日，「廣東台灣革命青年團」參加了由祖國大陸發起紀念「國際勞動節」活動，並發出《告中國同胞宣言》，莊嚴地向祖國人民宣告：「五一勞動節是勞工階級向壓迫階級的帝國主義者宣戰的日子，同時也是我們台灣……被壓

〔註2〕 戴季陶：《孫中山與台灣》，《台灣先鋒》（創刊號）1927 年 4 月 1 日，第 8～9 頁。
〔註3〕 戴季陶：《孫中山與台灣》，《台灣先鋒》（創刊號）1927 年 4 月 1 日，第 9 頁。
〔註4〕 戴季陶：《孫中山與台灣》，《台灣先鋒》（創刊號）1927 年 4 月 1 日，第 9 頁。
〔註5〕 張深切：《張深切全集》卷 4，臺北：文經出版社 1998 年版，第 86 頁。
〔註6〕 張深切：《張深切全集》卷 4，臺北：文經出版社 1998 年版，第 354 頁。

迫的弱小民族向日本帝國主義表決宣戰的日子，所以我們被壓迫的民族都要聯合站在同一的戰線」〔註7〕。為此，他們高呼：「世界被壓迫民族聯合起來！打倒日本帝國主義！……援助日本被壓迫階級的革命！援助東方弱小民族革命！台灣革命成功萬歲！中國革命成功萬歲！東方弱小民族解放萬歲！世界革命成功萬歲！」〔註8〕

　　孫中山在臨終前把台灣人民的解放事業與世界被壓迫民族、無產階級的解放事業看作一個不可分割的整體，提出了聯合世界被壓迫民族和無產階級共同打倒帝國主義的建議，進而為台灣人民的解放事業指明了方向。

　　然而，以王萬得為代表的「左」傾激進臺共黨員卻看不到這一點，實行關門主義，採取「一切鬥爭，否認聯合」的錯誤政策，結果喪失了利用台灣文化協會建立民族統一戰線的大好時機，使台灣革命事業遭受重大損失。由於臺共新中央把台灣資產階級作為革命的對象進行攻擊，「唯我獨革」，結果將自己立於孤立無援的境地，給台灣革命帶來了嚴重地危害。這個事實告訴我們：無產階級政黨要善於正確處理各階級間相互關係，分清敵我矛盾和人民內部矛盾，高度重視統一戰線。為了積聚革命力量，並使之最終壓倒反革命力量，無產階級政黨就必須採取統一戰線策略，努力爭取一切可以爭取的力量，利用一切可以利用的矛盾，最大限度地孤立敵人，在長期的鬥爭中改變敵我力量的對比，逐步擴大革命陣地，爭取革命的最後勝利。團結一切可以團結的力量，爭取一切可以爭取的同盟軍，包括利用間接的暫時的同盟軍，分化瓦解敵人的隊伍，最大限度地孤立和打擊當前最主要地敵人。

　　總結這些歷史教訓，對於我們堅持實事求是和獨立自主原則，鞏固和發展廣泛的愛國統一戰線，仍然有著很大的現實意義。

---

〔註7〕　張秀哲：《「勿忘台灣」落花夢》，新北：衛城出版社2013年版，第71頁。
〔註8〕　張深切：《張深切全集》卷1，臺北：文經出版社1998年版，第337頁。

# 附錄一　林木順留學蘇聯學校考

林木順（1904～1934），又名林木森，台灣南投草屯人，是日據時期臺共（日共台灣民族支部）第一任總書記，為臺共的創建作出了卓越貢獻。然而，史籍對於這樣一位重要歷史人物留學蘇聯哪一所學校，卻有不同的說法，相互牴牾；今人之研究亦有不同的說法，難以定論。現擬就此作一考辨，疏誤之處，祈予指正。

## 一、林木順留學蘇聯學校兩種不同的說法

考史籍上有關林木順留學蘇聯學校的不同說法大致有二，現分列於下：

第一種說法認為林木順是留學蘇聯的莫斯科中山大學。這一說法具體見「台灣總督府警務局」主編的《台灣社會運動史——共產主義運動》檔案史料，它說：「本島青年林木順在上海留學中參加了中國共產黨，並經其推薦赴莫斯科中山大學留學；謝氏阿女（後改名謝雪紅）也經同樣途徑赴東洋共產主義者勞動大學留學。兩人皆於 1927 年底完成學業，經由共產國際安排接受日共的指導，並接受應將台灣共產主義運動推進於實踐之指令而返歸上海。」〔註1〕

第二種說法認為林木順是留學蘇聯的莫斯科東方大學。謝雪紅在《我的半生記》中曾多次從不同的角度說到林木順在莫斯科東方大學學習的史實。她第一次說：「1925 年 10 月間，黃中美（中共黨員）同時向我、林木順和林仲梓三人宣佈黨（指中共）命我們赴蘇聯莫斯科東方大學學習（不久林仲梓

---

〔註1〕　「台灣總督府警務局」：《台灣社會運動史——共產主義運動》，臺北：創造出版社 1989 年版，第 8 頁。

病逝，未能成行）；他說黨派我們赴蘇學習是爲了培養幹部，考慮將來幫助台灣的同志在台灣建黨。」〔註2〕第二次說：「到校（指莫斯科東方大學）後約一星期，（中國班）旅莫支部的那個麻子負責人告訴我們說第三國際決定叫我和林木順（由中國班）轉到日本班。……但後來聽片山潛同志說第三國際考慮到我們以後的任務是要回台灣建黨，又因台灣是日本帝國主義統治下的殖民地，所以，決定把我們轉到日本班學習，對以後黨的籌備方便有利。當時，麻子也說台灣經濟、政治體系屬於日本，我們轉到日本班學習較妥當。於是，林木順和我就去日本班報到」。〔註3〕第三次說：「先後到過東大的台灣人：中國班的同學告訴我，不久前東大來過一個台灣人，名叫許乃昌。……第二批，即是我和林木順；第三批，趙清雪，約在 1928 年和 1929 年間去東大」。〔註4〕第四次說：「1926 年秋冬之間，共產國際召開『執行委員會第六次擴大會議』，東大許多同學被通知列席參加；日本班參加的有我和林木順」。〔註5〕第五次說：「1927 年 10 月 12 日，片山潛正式代表共產國際到東大向我和林木順傳達共產國際的決定。他說『共產國際決定命謝飛英（即謝雪紅）、林木順回國組織台灣共產黨，由謝飛英負責，林木順協助』。」〔註6〕這一說法在《我的半生記》中其他地方還有所提及，限於篇幅，不再贅述。

上述兩種說法，究竟哪一種說法正確呢？唯有先弄清楚莫斯科東方大學、莫斯科中山大學辦學的性質，才能對林木順留學蘇聯哪一所學校進行深入的考析。

## 二、莫斯科東方大學和莫斯科中山大學辦學的性質

### （一）莫斯科東方大學

十月革命勝利後，列寧領導的共產國際非常重視殖民地半殖民地的革命

---

〔註2〕 謝雪紅口述、楊克煌筆錄：《我的半生記》，臺北：楊翠華出版 1997 年版，第 183 頁。
〔註3〕 謝雪紅口述、楊克煌筆錄：《我的半生記》，臺北：楊翠華出版 1997 年版，第 199～200 頁。
〔註4〕 謝雪紅口述、楊克煌筆錄：《我的半生記》，臺北：楊翠華出版 1997 年版，第 208 頁。
〔註5〕 謝雪紅口述、楊克煌筆錄：《我的半生記》，臺北：楊翠華出版 1997 年版，第 215 頁。
〔註6〕 謝雪紅口述、楊克煌筆錄：《我的半生記》，臺北：楊翠華出版 1997 年版，第 223 頁。

運動，便積極支持這些地區、國家革命運動的發展。其重要的方法就是爲各國培養革命幹部以推動世界共產主義運動的開展。爲此，1921 年 4 月 21 日，蘇聯政府在莫斯科成立了東方勞動者共產主義大學，簡稱爲「莫斯科東方大學」。它是共產國際和蘇聯專門爲亞洲各國共產黨和蘇聯東部的各少數民族培訓革命幹部的政治大學。〔註7〕東方大學設國內部和外國部兩部。國內部招收蘇聯境內東方各少數民族的學生，設有烏茲別克班、哈薩克班、格魯吉亞班等；外國部招收蘇聯境外東方各民族的學生，設有中國班、日本班、伊朗班、土耳其班、蒙古班等。

### （二）莫斯科中山大學

第一次國共合作實現後，中國革命形勢發展非常迅速，國共兩黨對幹部的需求量激增，這樣東方大學中國班及國內由蘇聯援建的黃埔軍校所培養的幹部已不能滿足實際的需要。因此，1925 年 10 月 7 日，蘇聯政府在莫斯科再創辦了一所專門爲中國培養國共兩黨幹部的學校。爲了紀念於 1925 年 3 月逝世的中國革命先行者孫中山，共產國際和蘇聯政府決定將這所學校定名爲「中國勞動者孫逸仙大學」，簡稱爲「莫斯科中山大學」。〔註8〕該校既招收國民黨員，又招收共產黨員、共青團員。中山大學的辦學宗旨，用鮑羅廷的話來總結就是「要使一般學生瞭解中山先生的主義，去繼承中山先生的工作，以完成中國的國民革命。將來在此校卒業之學生，可以代替在帝國主義的學校受過教育的留學生，擔任改造中國社會的工作。」〔註9〕

## 三、林木順留學蘇聯學校兩種不同的說法考辨

對以上兩種說法，筆者認爲第一種說法不可靠。理由如下：

第一，「台灣總督府警務局」主編的《台灣社會運動史──共產主義運動》檔案資料，雖然是日警根據抓捕的臺共黨員審訊口供來編撰的，無疑是研究臺共最原始的第一手材料，然而，由於臺共領袖林木順一直未被日警抓捕，對此，日警也稱：「關於在上海的黨（臺共）幹部，……1932 年 5 月 17 日，

〔註7〕 楊雲若：《共產國際和中國革命關係紀事（1919～1943）》，北京：中國社會科學出版社 1983 年版，第 9 頁。
〔註8〕 〔美〕盛岳著、奚博銓等譯：《莫斯科中山大學和中國革命》，北京：東方出版社 2004 年版，第 17 頁。
〔註9〕 子任：《中國國民黨選派學生赴莫斯科孫文大學》，《共產國際與中國革命資料選輯（1925～1927）》，北京：人民出版社 1985 年版，第 79 頁。

翁澤生被工部局警察所逮捕，於 1933 年 3 月被送還本島處斷。但林木順則杳然斷絕消息。」〔註 10〕因此，日警關於林木順（留學蘇聯）的情況，只能通過其他被抓的臺共黨員來間接瞭解。更何況那些立場堅定、英勇不屈、被捕的臺共黨員為了保護黨內同志，往往拒絕吐供，或者避重就輕，或者亂供一氣，以假亂眞。因此，供詞存在一個眞偽問題，存在一個掩蓋要害秘密問題。既然如此，日警據此作出的有關奏報，其局限性是不言而喻的，針對這一說法，必須要有其他的一手史料進行佐證。可是，經筆者查證，林木順留學莫斯科中山大學，這一說法只是一個孤證，並無其他一手史料佐證。

第二，雖然中共推薦林木順、謝雪紅赴蘇留學的本意是為中共在台灣建立支部作準備，但是由於台灣當時是日本的殖民地，根據 1924 年共產國際第五次大會的決議，世界共產主義運動的劃分，以「一國一組織」為原則，所以共產國際決定由日共負責領導林木順、謝雪紅籌建臺共（即日共台灣民族支部）的工作。既然籌建的臺共是屬於日共的一個支部，那麼林木順、謝雪紅在共產國際的安排下就只能作為日共的後備幹部來培養的。然而，莫斯科中山大學是專門培訓中國革命後備幹部的學校，而林木順不是中國革命的後備幹部而是日共的後備幹部，因此，我們由莫斯科東方大學和莫斯科中山大學辦學的性質可以推知，他不可能在莫斯科中山大學學習，而應在莫斯科東方大學學習。

筆者認為，第二種說法準確。理由如下：

第一，謝雪紅是林木順留學蘇聯的當事人和見證人，只有她對林木順留學蘇聯的具體學校最為清楚。她在呈文中所述的林木順在莫斯科東方大學日本班學習的情況與莫斯科東方大學辦學性質完全吻合。因此，她關於林木順留學莫斯科東方大學的說法是眞實可信的。

第二，日共黨員風間丈吉和張國燾夫人楊子烈的回憶進一步印證了謝雪紅在《我的半生記》中林木順在莫斯科東方大學日本班學習的說法。1948 年日共黨員風間丈吉在回憶留蘇時期莫斯科東方大學的同學時，說：「在弱小殖民地的學生中，朝鮮人最多；而台灣人只有兩位，其中一位叫做謝飛英（當時是二十四、五的婦人，現在聽說在台灣是一位有力的指導者），另一位叫做林木森（比謝女士年輕二、三歲的男性）。謝女士聽日本話並沒有任何不自在。

〔註 10〕「台灣總督府警務局」：《台灣社會運動史──共產主義運動》，臺北：創造出版社 1989 年版，第 195 頁。

不過在表達自己的意見時就用華語，而由林來翻譯。林的日語相當好，他們兩個人在上海一起住過，在那裡與中國共產黨或共產青年同盟有了關係。我們與這兩個人極爲親密，從未有過任何爭論。」〔註11〕

同一時期赴蘇聯莫斯科東方大學留學的張國燾夫人楊子烈，對謝雪紅和林木順也有如下回憶：「日本學生在東方大學不過十數人，謝雪紅是由上海到海參崴轉赴莫斯科的。她是台灣人，瘦長的個子，嘴裏鑲一顆金牙。另外還有一個男子跟她一道，說是她『表弟』（即林木順）。她對『表弟』是很嚴厲的，動輒咬牙切齒用臺語斥罵。中國男女同志看不慣她那驕橫樣兒，言語之間，對她不免有些諷刺，但她個性倔強，仍罵如故。大家不懂臺語，見她橫眉怒目，聲調高亢，知道她又發了雌威。大家都討厭她，奇怪的是她那位臉黃身瘦的『表弟』始終一聲不響，異常馴服。他們會說國語，日本話講得更好，到了莫斯科，她就進入日本班上課。日本班那時沒有一個女生，她是非常受歡迎的。之後，她和日本青年打得火熱，早把她那位『表弟』給拋棄了。」〔註12〕

由上可知，風間丈吉、楊子烈關於林木順在蘇聯留學情況的回憶與謝雪紅在《我的半生記》中林木順留學莫斯科東方大學日本班的說法是完全一致，這就更加清楚地表明，林木順是留學莫斯科東方大學，而並非莫斯科中山大學。

綜上所述，筆者認爲：林木順不是留學莫斯科中山大學，而是留學莫斯科東方大學。與此同時，我們通過上述考證可知：雖然檔案史料具有原始性、可信度高的特點，但是它同任何事物一樣，都不是絕對的，也需要同其他史料一樣進行必要的考證和辨異工作。只有這樣，我們才能避免以訛傳訛和史實失誤。

---

〔註11〕〔日〕風間丈吉：《莫斯科共產大學的回憶》，東京：三元社1949年版，第134頁。

〔註12〕楊子烈：《張國燾夫人回憶錄》，香港：自聯出版社1970年版，第155～156頁。

# 附錄二　台灣共產黨大事年表

1928 年 4 月 15 日，臺共（日共台灣民族支部）在上海正式成立。

1928 年 4 月 25 日，臺共骨幹張茂良、謝雪紅、楊金泉、林松水、劉守鴻在上海被抓，臺共建黨各種秘密文件被日警所收繳。

1928 年 9 月 23 日，臺共東京特別支部成立，由陳來旺擔任負責人。

1928 年 11 月，謝雪紅、林日高、莊春火三人在島內組成臺共中央。

1928 年 12 月 30～31 日，農民組合召開第二次全島大會，臺共取得主導權。

1929 年 2 月 5 日，謝雪紅、楊克培成立臺共秘密聯絡點——「國際書局」。

1929 年 4 月 16 日，臺共東京特別支部遭日警破壞，臺共與日共關係中斷。

1930 年 5 月，臺共與共產國際東方局取得聯繫。

1930 年 10 月 27～29 日，臺共召開松山會議。

1930 年 10 月，臺共成立紅色總工會。

1931 年 1 月 27 日，王萬得、趙港、蘇新、陳德興、吳拱照等人在臺北召開改革同盟成立大會。

1931 年 3 月 10 日，為使臺共執行共產國際指示，共產國際東方局發佈了《致台灣共產主義者書》。

1931 年 5 月 31 日～6 月 2 日，臺共二大在共產國際東方局代表潘欽信的主持下，在臺北淡水郡八里莊觀音山麓正式召開。

1931 年 6 月初，臺共二大錯誤地將持不同意見的臺共領導人謝雪紅、楊克培、楊克煌開除出黨。

1931 年 6 月～9 月，臺共中央遭日警破壞，謝雪紅、王萬得、趙港、蘇

新、陳德興等臺共重要領導人被逮捕。

　　1931 年 9 月～12 月，台灣赤色救援會試圖重建臺共中央。

　　1932 年 4 月，在日警的反覆鎮壓下，臺共覆滅。

附錄三　台灣共產黨相關圖片

1911 年 4 月，梁啓超與林獻堂等人的合影（第一排左五爲梁啓超、左二爲林獻堂）。

臺灣民族運動的胚胎「新民會」，成員林呈祿、黃呈聰、副會長蔡惠如、會長林獻堂、莊太岳、蔡式穀（2排左 2、3、4、5、6、7）、林攀龍、王敏川（3排左 1、8）、石煥長、蔡培火（後排左 6、7）等合影／林

圖片來源：賴志彰：《台灣霧峰林家留眞集》，台北：自立報系文化出版部 1989年版。

《台灣青年》上的頭像分別為：蔡惠如、林獻堂、王敏川、林仲澍、林呈祿、蔡培火、徐慶祥、彭華英（左上起順時針）。

## 1921 年台灣文化協會第一屆理事會

前排左起 1、2、3、4、5 分別為洪元煌、黃呈聰、蔣渭水、林獻堂、連溫卿；後排左起 1、2、8、9、10、11、13、14、15 分別為蔡培火、陳虛谷、林資彬、林幼春、王敏川、鄭汝南、陳逢源、賴和、謝春木。

圖片來源：林柏維：《台灣文化協會的年代》，台北市立文化中心 1996 年版。

## 1925 年台灣文化協會講演團在新竹合影

前排左起：蔡石谷、陳逢源、楊肇嘉、林獻堂、蔡惠如、陳虛谷、葉榮鐘。

## 彰化文協會員群像

左起李中慶、詹椿柏、施至善、王敏川、吳石麟、賴和。

圖片來源：張炎憲、陳傳興：《楊肇嘉留眞集》，台北：財團法人吳三連台灣史
　　　料基金會 2006 年版。

## 1924 年治警事件二審公判後被告與辯護律師合影

前排：辯護律師渡邊暢（左三）、清瀨一郎（左四）、葉清耀（左五）。

二排：陳虛谷（左一）、葉榮鐘（左二）、蔡惠如（左三）、林呈祿（左四）、
　　　蔡式谷（左五）、韓石泉（左六）、吳海水（左七）、陳逢源（左八）。

後排：蔣渭水（左一）、石煥長（左三）、王敏川（左四）、鄭松筠（左五）。

圖片來源：蔣朝根：《蔣渭水留真集》，台北市文獻委員會 2006 年版。

## 在新竹車站歡送台灣議會設置請願代表

1926 年 1 月 20 日，600 多人在新竹車站歡送第 7 次台灣議會設置請願代表，手持「打破專制主義」、「倡民權」、「爭平等」、「要求自由平等」、「議會未成功」、「同志須努力」的小旗。

圖片來源：張炎憲、陳傳興：《楊肇嘉留眞集》，台北：財團法人吳三連台灣史料基金會 2006 年版。

### 14 歲和 17 歲的許乃昌

### 18 歲和 45 歲的許乃昌

圖片來源：陳翠蓮：《百年追求：台灣民主運動的故事（卷一）》，新北：衛城出版 2013 年版。

### 台灣同鄉會攝於北京的蕉嶺會館

前排右起：林少英、陳順龍、吳子瑜、謝廉清、關錦輝。

後排左起第一人爲林炳文，第四人爲林煥文。

圖片來源：夏祖麗：《從城南走來：林海音傳》，北京：生活・讀書・新知三聯
　　　　　書店 2013 年版。

## 彭華英（左一）、蔡阿信（左二）和楊肇嘉（右一）等人的合影

圖片來源：張炎憲、陳傳興：《楊肇嘉留眞集》，台北：財團法人吳三連台灣史
　　　　　料基金會 2006 年版。

20世紀20年代國共兩黨合作創辦的上海大學，被譽爲「文有上大，武有黃埔」，諸多社會先賢如于右任、瞿秋白、鄧中夏、陳望道、李大釗、蔡和森、惲代英等彙集上大任教；諸多學子如王稼祥、博古、楊尚昆、李碩勳、張治中、楊之華、丁玲等曾就學於上大，此外還有一些台灣學子如林木順、謝雪紅、翁澤生、蔡孝乾、莊泗川等也曾就學於上大。

圖片來源：何池：《翁澤生傳》，福州：海風出版社2004年版。

## 1951 年台北市上海大學同學會成立時合影

第一排中坐者爲于右任，第二排站立于右任後面爲莊泗川。

圖片來源：許雪姬：《「戒嚴時期政治案件」專題研討會論文暨口述歷史》，台
　　　　北：財團法人戒嚴時期不當叛亂暨匪諜審判案件補償基金會　2003
　　　　年版。

## 莊泗川夫婦與于右任合影

莊泗川結婚照

左二為曾時上海大學學生陳其昌

圖片來源：許雪姬：《「戒嚴時期政治案件」專題研討會論文暨口述歷史》，台北：
　　　財團法人戒嚴時期不當叛亂暨匪諜審判案件補償基金會 2003 年版。

後排：右三為謝雪紅，右四為林木順。

圖片來源：徐宗懋：《二二八事件第一主角：謝雪紅珍貴照片》，時英出版社
　　　　　2004 年版。

## 歡送留蘇紀念照（攝於 1925 年 11 月；上海）

前排左起：韓姓朝鮮人、郭亮醫生妻、中共黨員吳先清、謝雪紅、林木順。

圖片來源：謝雪紅口述，楊克煌筆錄：《我的半生記》，台北：楊翠華出版 1997
　　　　　年版。

## 廣東革命青年團重要成員

謝文達

林文騰

郭德金

圖片來源：張深切：《張深切全集（卷 1）》，台北：文經出版 1998 年版。

張秀哲

圖片來源：張秀哲：《「勿忘台灣」落花夢》，新北：衛城出版 2013 年版。

楊春松、楊春榮、楊春煊三兄弟

圖片來源：楊國光：《一個台灣人的軌跡》，台北：人間出版社 2001 年版。

1928 年 4 月 15 日，台灣共產黨成立大會故址——「金神甫照相館」，今上海淮海中路 831 號「上海茄達煙具有限公司」（圖中「人民坊」左側第一間）。

圖片來源：何池：《翁澤生傳》，福州：海風出版社 2004 年版。

## 蓬萊閣聚會（攝於 1943 年夏，台北太平町蓬萊閣）

前排：謝雪紅（右二）、莊春火（左五）、林添進（左四）、盧新發（右一）；
後排：楊克煌（左九）、林日高（左八）、莊守（左七）、廖瑞發（左六）、
　　　林兌（右八）、王萬得（右七）、潘欽信（左一）。

圖片來源：楊克煌：《我的回憶》，台北：楊翠華出版 2005 年版。

日警對台共案件審訊完畢後，1933 年 7 月 24 日《台灣日日新報》才報導了台灣共產黨員被捕的消息。

圖片來源：陳芳明：《謝雪紅評傳──落土不凋的雨夜花》，台北：前衛出版社
　　　　　1991 年版。

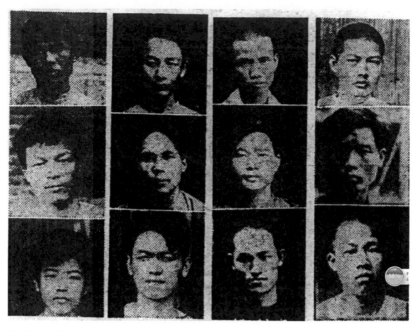

台共黨員分別爲

| 陳德興 | 蕭來福 | 楊克培 | 高甘露 |
| 莊守 | 張道福 | 林殿烈 | 趙港 |
| 津野助好 | 吳拱照 | 洪朝宗 | 張朝基 |

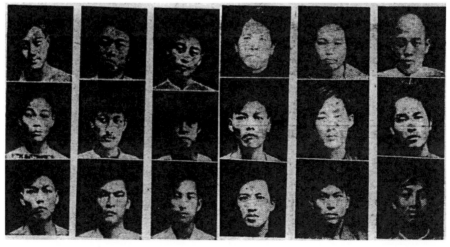

| 潘欽信 | 簡吉 | 郭德金 | 吉松喜清 | 謝雪紅 | 莊春火 |
| 劉守鴻 | 吳錦清 | 簡娥 | 楊克煌 | 宮本新太郎 | 林朝宗 |
| 楊克煌 | 林日高 | 蘇新 | 林良才 | 劉纘周 | 顏石吉 |

圖片來源：《台灣日日新報》（日文版），1933 年 7 月 24 日第 2 版。

## 國際書局及其名片（攝於 1931 年；台北）

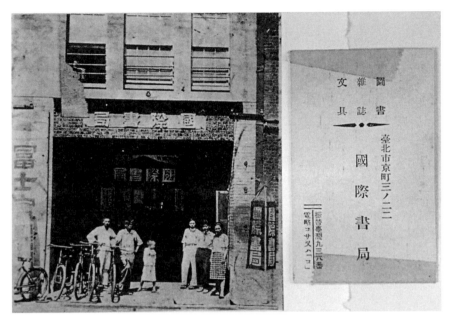

謝雪紅（右一），楊克培（左一）

圖片來源：楊克煌：《我的回憶》，楊翠華出版 2005 年版。

## 台灣戰線社創立當時的阿女與黨員

前排左起：林萬振、謝氏阿女、郭德金、周合源、楊克培

後排左起：廖九芎、楊克煌、陳換珪

圖片來源：楊克煌：《我的回憶》，台北：楊翠華出版 2005 年版。

■謝雪紅在一九二九年利用台灣農民組合改組之際，派員參加該組織，使台共奪得領導權，
圖為設於台中的台灣農民組合本部。(取自泉風浪《台灣の民族運動》)

■一九二八年謝雪紅回到台灣，立即重建台共組織，把台灣文化協會當做外圍組織。
圖為左傾以後的台灣文化協會總部，設於台中市。(取自泉風浪《台灣の民族運動》)

圖片來源：陳芳明：《謝雪紅評傳——落土不凋的雨夜花》，台北：前衛出版社
1991 年版。

## 友人照（攝於 1940 年；梧棲）

前排：楊克煌（左三），黃清溪（左一）；

後排：謝雪紅（左四），林兌（左五），莊守（右四），吳錦清（右一），

圖片來源：楊克煌：《我的回憶》，台北：楊翠華出版 2005 年版。

1928 年（昭和三年），蘇新（後排右二）與日白社的進步青年們。

圖片來源：蘇新：《未歸的台共鬥魂》，台北：時報文化出版企業有限公司 1993
　　　　　年版。

謝雪紅（1901～1970），女，台灣彰化人，早年參加台灣進步團體文化協會。1925 年在上海參加五卅運動，並加入中國共產黨，同年 9 月入上海大學讀書，11 月赴莫斯科東方大學學習，1927 年 11 月回國。1928 年 4 月在上海參加組建台灣共產黨（日本共產黨台灣民族支部），任中央候補委員，不久回台灣從事革命活動，1931 年因台共組織受到破壞而被捕，1939 年出獄後經商。1945 年日本投降後，曾發起組織人民協會、農民協會，任中央委員。1947 年，參加台灣「二二八」起義，參與中部地區人民武裝鬥爭的領導工作。起義失敗後到香港。同年，發起組織台灣民主自治同盟，任主席。1948 年號召台盟成員以實際行動響應中共「五一」號召，擁護召開政治協商會議，成立民主聯合政府。1949 年，參加新政治協商會議籌備，並代表台盟出席中國人民政治協商會議第一屆全體會議，被選為第一屆全國政協委員。新中國成立後，歷任台盟總部理事會主席，全國婦女聯合會執行委員，全國青年聯合會副主席，政務院政治委員會委員，華東軍政委員會委員，中國紅十字總會理事，抗美援朝總會理事，是第一屆全國人大代表。1970 年 11 月在北京病逝。

圖片來源：謝雪紅口述，楊克煌筆錄：《我的半生記》，台北：楊翠華整理 1997
　　　　　年版。

# 謝雪紅指紋

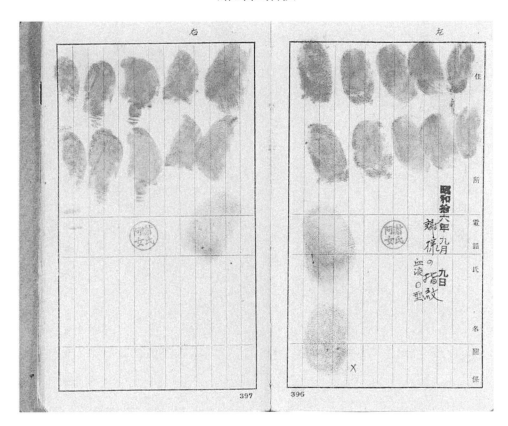

謝雪紅簽名、手跡和印章（1919 年謝雪紅在青島時刻的）

圖片來源：謝雪紅口述，楊克煌筆錄：《我的半生記》，台北：楊翠華整理 1997
年版。

## 台共一大中央候補委員：翁澤生

（相片攝於 1920 年代就讀廈門集美中學時期）。

翁澤生（1903～1939），台灣臺北人，早年在台灣從事反日活動。1924 年，翁澤生考入廈門大學，1925 年轉學到當時國共合作創辦的上海大學，接受馬列主義教育並加入中國共產黨。1927 年北伐軍進入福建前後，翁澤生受委派來到漳州、廈門建立中共地方組織，並當選中共閩南特委委員。1928年 4 月，翁澤生與謝雪紅、林木順等人一起創立了台灣共產黨，任中央候補委員，負責和共產國際東方局與中共中央聯絡。台共被破壞後，任中華全國總工會黨團秘書長。1933 年 3 月，由於叛徒出賣，翁澤生在上海被捕入獄，後又被引渡到台灣並被判刑 13 年，1939 年在獄中被日寇折磨致死。

翁澤生曾化名李穀梁在香港被捕

翁澤生妻（台共黨員謝玉葉）及其子

圖片來源：何池：《翁澤生傳》，福州：海風出版社 2004 年版。

## 在台北監獄中的翁澤生給妹妹的信函

## 在台北監獄中的翁澤生給母親的信函

圖片來源：何池：《翁澤生傳》，福州：海風出版社 2004 年版。

## 台共二大中央常委　蘇新

蘇新（1907～1981），台灣台南人。1924 年赴日本留學，入東京外國語學校學習。曾任台灣文化協會駐東京代表，主編《台灣大眾時報》，組織留日台籍學生成立社會科學研究會。1928 年參加日本共產黨，並參與台灣共產黨籌建工作。1929 年回台灣，在工人中做秘密工作。1931 年被選爲台灣共產黨中央宣傳部長。同年 9 月被日本侵略當局逮捕，入獄達 12 年之久。1945年台灣光復後，他擁護中國共產黨領導的新民主主義革命，曾主編《政經報》、《人民導報》、《中外日報》、《台灣文化》等報刊，發表大量文章，宣傳祖國的愛國民主運動。1947 年，他參加台灣人民「二·二八」起義，受到國民黨當局的通緝。同年，他離開台灣，流亡香港，參與台灣民主自治同盟的組建工作，主編《新台灣叢刊》，發表大量文章，反對帝國主義、封建主義、官僚資本主義，反對台灣獨立。1948 年，他加入中國共產黨。1949年 3 月，返回祖國大陸，先後在中共中央統戰部、中共中央華東局、中央人民廣播電台工作。曾任政協全國委員、全國台灣同胞聯誼會籌備委員會委員、台盟總部常務理事兼研究室主任。爲擺脫台灣殖民地地位和爭取台灣人民的民主權利，爲實現祖國的和平統一大業獻出了畢生精力。著有《憤怒的台灣》等。

圖片來源：蘇新：《未歸的台共鬥魂》，台北：時報文化出版企業有限公司 1993
　　　　年版。

## 台共一大中央常委　林日高

林日高（1904～1955），台灣台北人。1922 年畢業於台北商工學校，並且認同共產主義，立志改變社會不公平。1925 年林日高前往中國廈門，並且參加船員工會及人力車工會，之後加入中國共產黨；1926 年林日高因父喪回到台灣，1928 年 4 月前往中國上海參與台灣共產黨建黨活動，林日高當選為台共中央常委，11 月任組織部長。林日高與謝雪紅、莊春火等人在台灣成立中央黨部，展開擴大台共活動。由於台共黨費奇缺和長期聯繫不上上級組織，所以林日高萌發了退黨之意。1930 年 10 月，他宣佈退出台灣共產黨，台灣共產黨亦以除名處分。1931 年 9 月 4 日林日高由於參與共產黨活動被檢舉，判處有期徒刑 6 年。1937 年出獄後，至宜蘭太平山經營樟腦油。1945 年抗戰勝利後，台灣為國民黨政府接收，林日高曾擔任三民主義青年團股長、台灣水利會海山分會主任委員，並且於 1946 年當選台灣省參議會議員。1947 年林日高由於參與二二八事件遭軍警拘押，由於李友邦保釋，1948 年 9 月以「自新」開釋，後當選第一屆台北縣板橋鎮鎮長。1949 年 12 月林日高出任台灣省政府委員，1950 年當選台北縣農會理事長，同時加入中國國民黨。1953 年 4 月，由於台灣省政府改組，林日高辭省府委員一職。但是 1954 年 12 月，林日高被控 1949 年曾與中共台灣省工委會所領導的外圍組織「民主革命聯盟」有所聯繫而遭逮捕，並於 1955 年 9 月被國民黨當局槍殺。

圖片來源：戚嘉林：《台灣史》，台北：海峽學術出版社 2007 年版。

## 台共一大中央常委：蔡孝乾

蔡孝乾（1908～1982）台灣省彰化人。1925 年在上海大學社會科學系讀書，深受瞿秋白、任弼時等人的思想影響，參加進步青年組織的上海台灣青年會，組建旅滬台灣同鄉會。1925 年 12 月參加主持召開上海台灣學生聯合會成立大會。1926 年 7 月返回台灣，宣傳革命，幫助組織了台灣文化協會左翼。後爲文化協會機關報諮詢、顧問和撰稿人。1928 年 4 月當選爲台共中央常委，負責宣傳部工作。8 月離開台灣到大陸。1932 年 4 月離開福建漳州到江西瑞金爲中心的中央革命根據地，在列寧師範學校（團校）任教，參加反帝同盟。1934 年 1 月作爲台灣代表參加在江西瑞金召開的中華蘇維埃第二次全國代表大會，並被選爲主席團成員、中華蘇維埃共和國中央執行委員會執行委員。10 月參加中國工農紅軍長征。1935 年 10 月到達陝北後，任反帝聯盟（後改爲抗日聯盟）主席。全國抗戰爆發後，到八路軍總部工作，隨總部赴抗日前線。1938 年上半年至下半年任八路軍總部野戰政治部部長兼敵工部部長（至 1939 年）。後調回延安工作。1945 年 4 月至 6 月旁聽中國共產黨第七次全國代表大會。年底離開延安到達上海。1946 年 7 月回到台灣，任中共台灣省工作委員會書記。參加發動彰化永靖鄉農民減租鬥爭、台北機務段員工運動等。1949 年 9 月當選爲中國人民政治協商會議第一屆全國委員會委員。中華人民共和國成立後，被任命爲華東軍政委員會委員。1950 年 1 月被國民黨逮捕入獄，後尋機逃脫。3 個月後再次被捕，叛變投敵，使 1800 多人被捕。叛變後加入國民黨，任台灣當局「國防部」保密局設計委員會委員。1956 年任台灣當局「國防部情報部」研究室少將銜副主任兼「司法行政部」調查局副局長。1982 年 10 月在台灣病死。著有《日本帝國主義的殖民地台灣》、《毛澤東軍事思想研究》等。

圖片來源：陳翠蓮：《百年追求：台灣民主運動的故事（卷一）》，新北：衛城出版 2013 年版。

## 台共二大中央常委　潘欽信

潘欽信（1903～1951），台灣台北人，他是台共大逮捕中被判刑最重的一位，有期徒刑 15 年。左邊相片攝於 1925 年就讀上海大學時期；右邊相片攝於 1951 年的上海。

圖片來源：陳芳明：《謝雪紅評傳——落土不凋的雨夜花》，前衛出版社 1991 年版。

## 台共二大中央委員　蕭來福

蕭來福（1907～1992）蕭來福又名友山，生於台南安平，祖籍福建泉州。曾赴日本留學，加入台灣共產黨。1929 年與蘇新返台，負責組織赤色工會，策劃工人運動。1947 年「二二八」事件後，經香港前往祖國大陸。其後，專心研究中醫，直至晚年。1992 年 2 月，在北京逝世。

圖片來源：蕭友山，徐瓊二：《台灣光復後的回顧與現狀》，臺北：海峽學術出版社 2002 年版。

## 台共二大中央委員長　王萬得

王萬得（1903～1985）台灣臺北市人。1918 年畢業於臺北大稻埕公學校。1922 年參加台灣文化協會，投身反日活動。1927 年文化協會分裂後，從事共產主義啟蒙運動。同年赴武漢，加入中國共產黨。1928 年返台參加台共組織，任臺北地方黨組負責人。1929 年 6 月撰寫反日檄文《反對始政紀念日》，高舉反日旗幟。後成為台共改革派領袖。1931 年當選台共中央委員，後出任台共書記長，1931 年被日警逮捕入獄。台灣光復後出獄，領導反對國民黨統治的鬥爭。二二八事件後，遭台灣當局通緝，離開台灣進入祖國大陸。歷任全國政協委員，臺盟總部顧問等職。1985 年在北京逝世。

台共一大中央候補委員　謝雪紅

台共二大中央委員　簡娥

圖片來源：黃師樵：《台灣共產黨秘史》，臺北：海峽學術出版社 1999 年版。

台共黨員　楊克培

台共黨員　劉纘周　　　日籍台共黨員　宮本新太郎

圖片來源：黃師樵：《台灣共產黨秘史》，台北：海峽學術出版社 1999 年版。

攝于 1939 年 12 月 19 日　　　　攝于 1940 年 12 月 19 日

楊克煌（1908～1978），台灣彰化人，謝雪紅的丈夫。1929 年加入台灣共產黨。1931 年被日本殖民者逮捕，1936 年出獄。1945 年抗日戰爭勝利後參與組織台灣人民協會，當選爲中央委員。1946 年加入中國共產黨。1947 年參加台灣二二八起義。同年到香港參與組織台灣民主自治同盟，任第一屆總部理事會秘書長。1949 年當選爲中國新民主主義青年團中央委員。同年出席中國人民政治協商會議第一屆全體會議。建國後，任台盟總部理事兼秘書長。

圖片來源：楊克煌：《我的回憶》，台北：楊翠華出版 2005 年版。

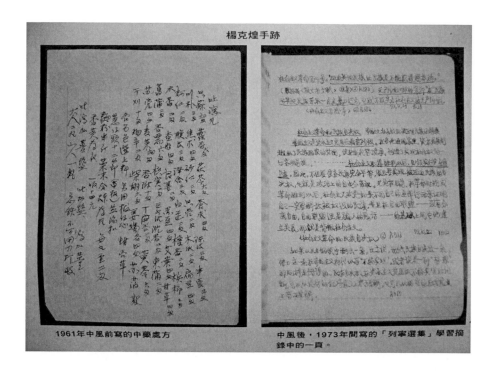

楊克煌手跡

1961年中風前寫的中藥處方　　　中風後，1973年間寫的「列寧選集」學習摘錄中的一頁。

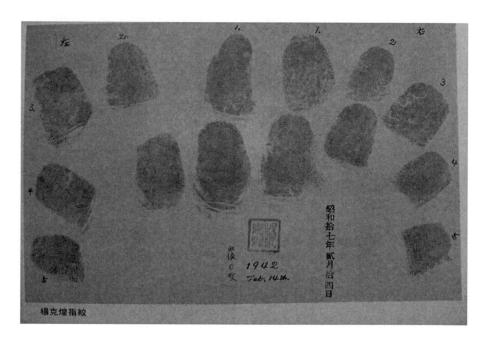

楊克煌指紋

圖片來源：楊克煌：《我的回憶》，台北：楊翠華出版 2005 年版。

台共黨員　林良材

日籍臺共黨員　津野助好

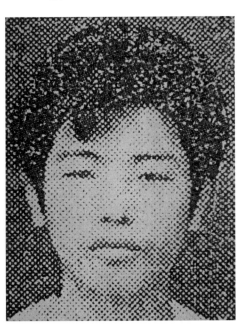

台共黨員　林殿烈

日籍台共黨員　吉松喜清

圖片來源：黃師樵：《台灣共產黨秘史》，台北：海峽學術出版社 1999 年版。

## 台共一大中央委員　莊春火

圖片來源：張炎憲採訪、高淑媛記錄：《一位老台共的心路歷程——莊春火訪問記錄》，台灣史料研究第 2 號，1993 年 8 月，第 85 頁。

圖片來源：立花隆：《日本共產黨研究》上冊，東京：講談社 1978 年版。

楊克煌與謝雪紅

楊克煌　　　　　　　　　　　　楊克培

圖片來源：陳芳明：《謝雪紅評傳——落土不凋的雨夜花》，台北：前衛出版社
　　1991 年版。

下令籌建台共的共產國際執委　片山潛（1859～1933）

圖片來源：李威周：《日共創始人——片山潛》，北京：商務印書館 1985 年版。

赴台不幸遇難的日共領袖　渡邊政之輔

圖片來源：陳芳明：《謝雪紅評傳——落土不凋的雨夜花》，臺北：前衛出版社
1991 年版。

出席台共一大朝共代表　呂運亨（1886～1947）

圖片來源：〔韓〕李來京：《孫中山與呂運亨比較研究》，合肥：合肥工業大學出版社 2007 年版。

出席台共一大的中共代表　彭湃

圖片來源：蔡洛、余炎光等：《彭湃傳》，北京：人民出版社 1986 年版。

## 20 世紀 20 年代日本共產黨屢次遭日本政府破壞的新聞

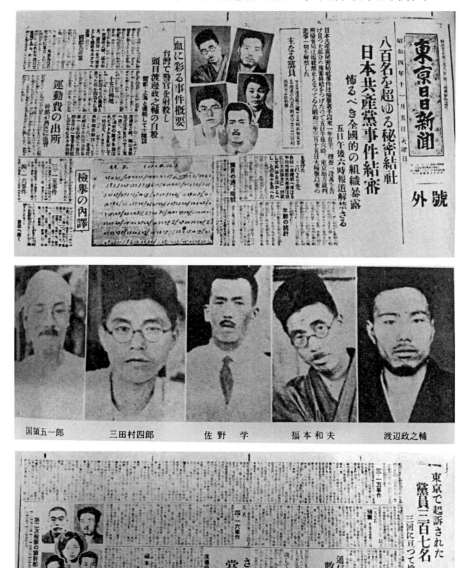

國領五一郎　　三田村四郎　　佐野　學　　福本和夫　　渡辺政之輔

圖片來源：山邊健太郎：《現代史資料 16：社會主義運動 3》，東京：みすず書房 2004 年版。

### 建議台共進行改革的共產國際執委、中共領袖　瞿秋白

圖片來源：瞿秋白紀念館：《江南第一燕——瞿秋白畫傳》，上海書店出版社
2002 年版。

### 台灣文化協會會旗

圖片來源：蕭友山，徐瓊二：《台灣光復後的回顧與現狀》，海峽學術出版社
2002 年版。

前排：李應章（左一），佈施辰治（中間），謝春木（右一）。

後排：簡吉（左二），詹奕侯（中間），趙港（右二），劉崧甫（右一）。

前排左起：陳昆侖、簡吉、陳德興、蘇清江、顏石吉；

後排左起：楊春松、江賜金、古屋貞雄、張行、侯朝宗。

圖片來源：廖咸浩、簡明仁：《漫漫牛車路——簡吉與台灣農民組合運動》，大
眾教育基金會2004年版。

農組大湖支部成員，女學生裝扮者爲簡娥。

左爲簡吉，右爲李應章

圖片來源：廖咸浩、簡明仁：《漫漫牛車路——簡吉與台灣農民組合運動》，大
　　　　眾教育基金會 2004 年版。

楊春松與許良鋒結婚照

圖片來源：楊渡、簡明仁：《帶著小提琴的革命家——簡吉與台灣農民運動》，
台北：南方文化家園事業有限公司 2015 年版。

牛背上的鄉村教師

簡吉

台灣農民運動史詩

農民組合幹部陳崑崙　　　　　李應章（即李偉光）

圖片來源：楊渡、簡明仁：《帶著小提琴的革命家——簡吉與台灣農民運動》，
台北：南方文化家園事業有限公司 2015 年版。

趙港（1902～1940）台灣台中人，爲台灣農民運動的核心人物，曾率領農民以阻撓、辭職、罷課等方式，來反對日本殖民者土地放領政策的不合理。1927～1928 年間，因日本拓殖會社稅金過高，率領中壢地區農民群起抗爭，遭日本殖民者逮捕。「二‧一二」事件後，趙港出獄，將共產主義帶入農民組合，農組日趨激進。1931 年因台共案件而被捕，1940 年病死於獄中。

楊春松（1900～1962），台灣桃園人。在廣州求學期間，加入廣東台灣青年團，爲解放台灣的革命而努力。在國民黨清黨反共時，遭逮捕入獄，1927 年加入中國共產黨，並返鄉加入農民組合，與簡吉、趙港等人帶領農民，對抗日本拓殖會社，是「一、二次中壢事件」的核心人物。1929 年，他因「二‧一二」事件被判 10 個月徒刑。在農民組合反對日本帝國主義的抗爭中，楊春松曾三次被捕入獄，然而他始終不懈地進行革命活動。保釋期間，楊春松潛回上海，在上海參加各種反日活動，1931 年不幸被捕，押回台灣，被判 6 年徒刑。出獄後，繼續爲革命事業而奮鬥。1962 年他因患肝癌而與世長辭。

圖片來源：廖咸浩、簡明仁：《漫漫牛車路——簡吉與台灣農民組合運動》，大眾教育基金會 2004 年版。

簡吉（1903～1951），台灣高雄人，台南師範畢業，先後任教於鳳山及高雄第三公學校。面對學生普遍因家務勞動而無心學習，村民因官商壓迫而生活困頓，毅然棄職，組織鳳山農民組合，勇敢站出來爲被壓迫者發聲，到各地指導農民運動及組織。1926 年，台灣農民組合成立，簡吉擔任中央委員長，以農村演講、抗議、陳情等種種行動，啓發民智反抗官商惡勢力。1929 年，簡吉因「二‧一二」事件入獄一年。1931 年因台共案件而再度入獄，被判十年重刑。1951 年 3 月，簡吉在台灣「白色恐怖」時期，被國民黨當局槍殺。

陳崑崙（1905～1991）台灣屏東人，農民組合中央委員，台共黨員。

圖片來源：廖咸浩、簡明仁：《漫漫牛車路——簡吉與台灣農民組合運動》，大眾教育基金會 2004 年版。

陳德興（1906～1936），台灣屏東人，就讀台南師範學校時，因日籍教師歧視
台灣學生，憤而罷課抗議，遭校方退學，後赴日學習英語，開始接觸社會主
義。返台後，投身農民運動，指導農組潮州支部。後擔任農組中央委員，將
農工生活慘狀及社會主義理念編成《三字集》，對農組理念的推廣，功不可沒。
1931 年因日本殖民者取締台共而被捕，1936 年在獄中被折磨致死。

1927 年 3 月 25 日，「二林事件」第二審公判，前排右三爲李應章，後排中間爲簡吉、日籍律師佈施辰治等人的合影。

圖片來源：楊渡、簡明仁：《帶著小提琴的革命家——簡吉與台灣農民運動》，
　　　　　台北：南方文化家園事業有限公司 2015 年版。

1928 年 12 月 30 日，農民組合第二次代表大會農民代表集體合影照

圖片來源：廖咸浩、簡明仁：《漫漫牛車路——簡吉與台灣農民組合運動》，大
眾教育基金會 2004 年版。

台共籌備的農民武裝組織遭日警破壞

圖片來源：《台灣日日新報》（日文版），1934 年 7 月 17 日第 4 版。

圖片來源：蔣朝根：《蔣渭水留眞集》，台北市文獻委員會 2006 年版。

圖片來源：蔣朝根：《蔣渭水留眞集》，台北市文獻委員會 2006 年版。

# 參考文獻

## 一、中文文獻

### （一）著　作

1.  陳碧笙，台灣地方史〔M〕，北京：社會科學出版社，1982。

2.  李稚甫，台灣人民革命鬥爭簡史〔M〕，廣州：華南人民出版社，1955。

3.  劉大年、丁名楠、余繩武，台灣歷史概述〔M〕，北京：生活・讀書・新知三聯書店，1956。

4.  盧修一，日據時代台灣共產黨史〔M〕，臺北：前衛出版社，1989。

5.  陳孔立，台灣歷史綱要〔M〕，北京：九洲圖書出版社，1996。

6.  陳小沖，日本殖民統治台灣五十年史〔M〕，北京：社會科學文獻出版社，2005。

7.  史明，台灣人四百年史〔M〕，臺北：蓬島文化公司，1980，

8.  蘇新，未歸的臺共鬥魂〔M〕，臺北：時報文化出版企業有限公司，1993。

9.  黃昭堂，台灣總督府〔M〕，臺北：自由時代出版社，1989。

10. 安然，台灣民眾抗日史〔M〕，北京：臺海出版社，2003。

11. 張春英，海峽兩岸關係史（第二卷）〔M〕，福州：福建人民教育出版社，2004。

12. 何池，翁澤生傳〔M〕，福州：海風出版社，2004。

13. 謝雪紅口述、楊克煌筆錄，我的半生記〔M〕，臺北：楊翠華出版，1997。

14. 王萬得，王萬得回憶錄〔M〕，北京：臺盟中央資料室，1987。

15. 田鶴年、李永銘、陳奇文、郝駿，臺海歷史縱橫〔M〕，北京：華文出版社，2007。

16. 黃師樵，台灣共產黨秘史〔M〕，新竹：黃師樵發行出版，1933。

17. 簡炯仁，台灣共產主義運動史〔M〕，臺北：前衛出版社，1997。

18. 陳芳明，殖民地台灣：左翼政治運動史論〔M〕，臺北：麥田出版股份有限公司，1998。

19. 楊碧川，日據時代台灣人反抗史〔M〕，臺北：稻鄉出版社，1988，

20. 陳芳明，謝雪紅評傳〔M〕，臺北：前衛出版社，1991。

21. 戚嘉林，台灣史（第四冊）〔M〕，臺北：農學股份有限公司，1998，

22. 林國章，民族主義與台灣抗日運動（1895～1945）〔M〕，臺北：海峽學術出版社，2004。

23. 陳君愷，狂飆的年代——1920年代台灣的政治、社會與文化運動〔M〕，臺北：日創社文化事業有限公司，2006。

24. 楊克煌遺稿，楊翠華整理，我的回憶〔M〕，臺北：楊翠華出版，2005，

25. 楊克煌，台灣人民民族解放鬥爭小史〔M〕，武漢：湖北人民出版社，1956。

26. 蘇新，憤怒的台灣〔M〕，臺北：時報文化出版企業有限公司，1993。

27. 簡吉，簡吉獄中日記〔Z〕，臺北：中央研究院台灣史研究所，2001。

28. 蕭友山，台灣解放運動的回顧〔M〕，臺北：三民書局，1946。

29. 黃靜嘉，春帆樓下晚濤急——日本對台灣的殖民統治及其影響〔M〕，北京：商務印書館，2003。

30. 周憲文，台灣經濟史〔M〕，臺北：台灣開明書店，1980。

31. 涂照彥，日本帝國主義下的台灣〔M〕，臺北：人間出版社，1993。

32. 台灣省行政長官公署統計室，台灣省五十一年來統計提要〔Z〕，臺北：進學書局，1946。

33. 王曉波，台灣的殖民地傷痕〔C〕，臺北：帕米爾書店，1985。

34. 葉榮鐘，台灣近代民族運動史〔M〕，臺北：學海出版社，1979。

35. 共產國際與中國革命資料選輯（1919～1924）〔Z〕，北京：人民出版社，1985。

36. 共產國際與中國革命資料選輯（1925～1927）〔Z〕，北京：人民出版社，1985。

37. 帥能應，發達資本主義國家共產黨的歷史與現狀〔M〕，北京：中國人民大學出版社，1990。

38. 中共中央黨史研究室，中國共產黨歷史大事記〔Z〕，北京：中共黨史出版社，2006。

39. 藍博洲，日據時期台灣學生運動〔M〕，臺北：時報文化出版企業有限公司，1993。

40. 張深切，廣東台灣獨立革命運動史略〔M〕，臺北：中央書局，1948。

41. 王詩琅，台灣社會運動史——文化運動〔M〕，臺北：稻鄉出版社，1988。

42. 中共黨史人物研究會，中共黨史人物傳（第 27 卷）〔M〕，西安：陝西人民出版社，1986。

43. 台灣教育委員會，台灣教育沿革志〔Z〕，臺北：小冢本店印刷廠，1939。

44. 丁紹儀，東瀛識略〔Z〕，臺北：大通書局有限公司，1995。

45. 邱平田，台灣人民之出路〔M〕，香港：新台灣出版社，1948。

46. 臺盟史略編委會，臺盟史略〔M〕，北京：臺海出版社，1997。

47. 仝祥順，台灣民主自治同盟卷〔M〕，石家莊：河北人民出版社，2001。

48. 蔡子民，台灣史志〔M〕，北京：臺海出版社，1997。

49. 黃美眞、石源華、張雲，上海大學史料〔Z〕，上海：復旦大學出版社，1984。

50. 林仁川，大陸與台灣的歷史淵源〔M〕，上海：文匯出版社，1991，

51. 林仁川、黃福才，閩臺文化交融史〔M〕，福州：福建教育出版社，1997。

52. 林國平，文化台灣〔M〕，北京：九州出版社，2007。

53. 林國平，閩臺區域文化研究〔M〕，北京：中國社會科學出版社，2000。

54. 林國平，閩臺民間信仰源流〔M〕，福州：福建人民出版社，2003。

55. 馬建離、譚克繩、肖德才，海峽兩岸關係 40 年〔M〕，武漢：湖北教育出版社，1995。

56. 陳映眞，陳映眞文集——雜文卷〔M〕，北京：中國友誼出版公司，1998。

57. 王凡西，雙山回憶錄〔M〕，北京：東方出版社，2004。

58. 福建省炎黃文化研究會，閩臺文化研究〔C〕，福州：福建人民出版社，1997。

59. 福建省炎黃文化研究會，同根同祖源遠流長〔C〕，福州：海峽文藝出版社，1993。

60. 劉登翰，中華文化與閩臺社會〔M〕，福州：福建人民出版社，2003。

61. 宋洪訓、張中雲，共產國際的經驗教訓〔C〕，北京：人民出版社，1989。

62. 吳仕民、王平，民族問題概論（第三版）〔M〕，成都：四川出版集團、四川人民出版社，2007。

63. 裴可權，臺共叛亂及覆亡經過紀實〔Z〕，臺北：台灣商務印書館，1986。

64. 中華全國台灣同胞聯誼會，台灣同胞抗日五十年紀實〔C〕，北京：中國婦女出版社，1998。

65. 王育德，台灣苦悶的歷史〔M〕，臺北：自立晚報出版社，1993 年。

66. 蔡孝乾，台灣人的長征紀錄—江西蘇區‧紅軍西竄回憶臺北：中共研究

雜誌社，1970 年。〔M〕，臺北：海峽學術出版社，2002。

67. 張傳仁，謝雪紅與台灣民主自治同盟〔M〕，廣州：廣東人民出版社，2004。

68. 陳俐甫，日據時期台灣政治運動之研究〔M〕，臺北：稻鄉出版社，1996。

69. 張炎憲、李筱峰、莊永明編，台灣近代名人誌（二、三、四）〔M〕，臺北：自立晚報，1987。

70. 楊翠，日據時期台灣婦女解放運動〔M〕，臺北：時報文化出版公司，1993年。

71. 中華全國台灣同胞聯誼會，抗日烽火中的台灣兒女〔C〕，北京：中國婦女出版社，1998。

72. 楊子烈，張國燾夫人回憶錄〔M〕，香港：自聯出版社，1970。

73. 李理，日據台灣時期警察制度研究〔M〕，臺北：海峽學術出版社，2003。

74. 連溫卿，台灣政治運動史〔M〕，臺北：稻鄉出版社，1988。

75. 葉榮鐘，日據下台灣政治社會運動史（上下）〔M〕，臺中：晨星出版有限公司，2000。

76. 黃靜嘉，日據時期之台灣殖民地法制與殖民統治〔M〕，臺北：作者自印，1961。

77. 中華全國台灣同胞聯誼會，不能遺忘的名單——台灣抗日英雄榜〔C〕，臺北：海峽學術出版社，2001。

78. 何池，民主革命時期中國共產黨指導台灣革命研究〔M〕，臺北：海峽學術出版社，2008。

79. 黃修榮，國共關係史（上卷）〔M〕，廣州：廣東教育出版社，2002。

80. 曹天祿，日本共產黨的「日本式社會主義」理論與實踐〔M〕，北京：中國社會科學出版社，2004。

81. 杜康傳、李景治，國際共產主義運動概論〔M〕，北京：中國人民大學出版社，2002。

82. 中國社會科學院近代史研究所編，日本侵華七十年史〔M〕，北京：中國社會科學出版社，1992。

83. 高放，國際共產主義運動通史教程（上冊）〔M〕，北京：北京師範大學出版社，1986。

84. 高放，三個國際的歷史〔M〕，北京：中國青年出版社，1999。

85. 杜繼平，階級、民族與統獨爭議——統獨左右的上下求索〔C〕，臺北：人間出版社，2002。

86. 王禮訓、陳再凡，共產國際歷史新編〔M〕，濟南：山東人民出版社，1988。

87. 許極燉，台灣近代發展史〔M〕，臺北：前衛出版社，1996。

88. 黃頌顯，台灣與日本關係史新論〔M〕，臺北：海峽學術出版社，2003。

89. 張秋實，瞿秋白與共產國際〔M〕，北京：中共黨史出版社，2004。

90. 楊雲若，共產國際和中國革命關係紀事〔Z〕，北京：中國社會科學出版社，1983。

91. 本書編寫組，中央民族工作會議精神學習輔導讀本〔Z〕，北京：民族出版社，2005。

92. 簡炯仁，台灣民眾黨〔M〕，臺北：稻鄉出版社，1991。

93. 中共中央黨校，中國民主黨派史文獻選編〔Z〕，北京：中共中央黨校出版發行，1985。

94. 上海市委黨史資料徵集委員會，上海大學〔Z〕，上海：上海市社會科學院出版社，1986。

95. 林獻堂先生紀念集編纂委員會，林獻堂先生紀念集：年譜‧追思錄〔C〕，臺北：海峽學術出版社，2005。

96. 黃煌雄，兩個太陽的台灣──非武裝抗日史論〔M〕，臺北：時報文化出版企業股份有限公司，2006。

## （二）論　文

1. 周文琪，近十年關於共產國際、蘇聯與中國共產黨關係研究述評〔J〕，中共黨史研究，1991，（5）。

2. 索特尼科娃、李穎，1920～1931 年間負責中國問題的共產國際組織機構的回顧〔J〕，湖北行政學院學報，2004，（6）。

3. 范忠信，日據時期台灣法制的殖民屬性〔J〕，法學研究，2005，（4）。

4. 黃躍榮，日本殖民統治台灣時期的民族歧視政策〔J〕，台灣研究，2002，（2）。

5. 劉雪芹，翁澤生在上海〔J〕，上海黨史與黨建，2006，（3）。

6. 黃新憲，日據時期台灣學生求學大陸考〔J〕，教育評論，2004，（2）。

7. 黃新憲，日據時期台灣學生留學日本考〔J〕，教育科學，2004，（5）。

8. 黃新憲，日據時期台灣學生在大陸的愛國活動探略〔J〕，徐州師範大學學報（哲社版），2004，（5）。

9. 季雲飛，台灣人民反抗日本殖民統治鬥爭述論〔J〕，台灣研究，1998，（3）。

10. 李艾麗，論日據時期台灣同胞的祖國意識〔J〕，廣西民族學院學報（哲社版），2001，（3）。

11. 佟建寅，台灣人民反抗日本殖民者的鬥爭〔J〕，中國勞動關係學院學報，2005，（4）。

12. 李艾麗，日據時期日本對台灣的殖民統治〔J〕，學術論壇，2004，（2）。

13. 莫世祥，台灣近代反日獨立運動中的國家認同問題〔J〕，台灣研究集刊，

1995，（2）。

14. 才家瑞，日據時期台灣同胞的民族意識與國家認同〔J〕，天津大學學報，2001，（4）。

15. 沈美華，日本對台灣的殖民統治政策及其影響〔J〕，廣西社會科學，2007，（8）。

16. 楊曉，對日據時期台灣「殖民地教育論」的再認識〔J〕，台灣研究集刊，2004，（1）。

17. 黃英湖，試論台灣文化協會的分裂〔D〕，1985 年廈門大學碩士論文。

18. 陳小沖，日據時期台灣與大陸的文化聯繫〔J〕，台灣研究，1997，（2）。

19. 海貝，歷史上的台灣共產黨〔J〕，福建黨史月刊，1991，（6）。

20. 林其泉，臺共的興亡及其與共產國際、日共、中共的關係〔J〕，台灣研究，1992，（2）。

21. 陳小沖，「台灣民族論」不能成立──1928 年台灣共產黨政治大綱擬定過程剖析〔J〕，當代世界與社會主義，1993，（2）。

22. 王晉源，台灣共產黨成立始末〔J〕，四川黨史，1994，（5）。

23. 林浣芬，歷史上的台灣共產黨〔J〕，福建師範大學學報（哲社版），1995，（2）。

24. 張春英，共產國際與台灣共產黨的創立〔J〕，湖北行政學院學報，2007，（1）。

25. 肖彪、楊錦和、王炳南、許偉平，臺共先烈翁澤生〔J〕，黨史研究與教學，1985，（3）。

26. 王炳南，臺籍女黨員謝志堅〔J〕，福建黨史月刊，1986，（3）。

27. 馮海燕，謝雪紅與臺共、臺盟〔J〕，濟寧師專學報，1999，（2）。

28. 陳宗海，中國共產黨與台灣社會黨團早期關係探析〔J〕，湖北大學成人教育學院學報，2003，（3）。

29. 王玉，台灣抗日運動的左翼：從「上海綱領」看台灣共產黨的建黨本質〔J〕，逢甲人文社會學報，2002，（4）。

30. 楊世名，工會運動與共產主義運動〔D〕，2004 年台灣政治大學碩士論文。

31. 張炎憲採訪、高淑媛記錄整理，一位老臺共的心路歷程──莊春火訪問記錄〔J〕，台灣史料研究，1993，（8）。

32. 陳小沖，日據時期台灣民族運動若干問題的分析〔J〕，台灣研究集刊，1993，（2）。

33. 鄭新河，少時馳正義，老來話滄桑──訪旅美臺胞郭德欽先生〔J〕，臺聲，1986，（6）。

34. 房建昌，蔡孝乾與台灣共產黨〔J〕，文史精華，1998，（10）。

35. 夏明星、蘇振蘭，首任臺盟中央主席謝雪紅〔J〕，黨史文苑（學術版），2006，（5）。

36. 何池，1920 至 1930 年代的上海：台灣愛國青年反日活動的大舞臺〔J〕，上海黨史與黨建，2006，（5）。

37. 張厚愷，回憶大革命時期在武漢的王萬得〔J〕，武漢文史資料，1997，（3）。

38. 郭曉平，台灣文化協會與抗日民族解放運動〔J〕，文史雜誌，1989，（1）。

39. 謝國興，中國往何處去：1930 年前後台灣的左右論辯〔J〕，近代史研究，2003，（2）。

40. 王國君，情繫祖國　鐵骨忠心——翁澤生同志生平述略〔J〕，松遼學刊，2000，（6）。

41. 林江，回憶父親翁澤生烈士〔J〕，臺聲，1985，（1）。

42. 詹以昌，懷念王敏川先生〔J〕，臺聲，1984，（6）。

43. 許淑眞，政治與傳記書寫：謝雪紅形象的變遷〔D〕，2000 年東海大學碩士論文。

44. 孫立祥，九一八事變前後日共黨員「轉向」的原因初探〔J〕，社會科學戰線，1994，（6）。

45. 張玲，1926～1935 年共產國際對中國革命的政策及影響〔D〕，2002 年華東師範大學博士論文。

46. 林建華，共產國際的「世界革命論」與共產國際作爲「世界共產黨」的不同步性變奏〔J〕，當代世界與社會主義，2002，（5）。

47. 季正矩、馬方業，共產國際對民族殖民地問題的認識及其政策演變〔J〕，河南師範大學學報（哲學社會科學版）1994，（2）。

48. 張旭山、吳愛南，論共產國際在社會主義運動中的重大作用〔J〕，北京農學院學報，2001，（2）。

49. 褚家淵，殖民地的曙光——論共產國際的「東方政策」〔J〕，黨史縱橫，1994，（11）。

50. 肖乾利，共產國際「第三時期」理論述評〔J〕，四川師範大學學報（社科版），1994，（1）。

51. 趙萬江，從共產國際與中國革命的關係看無產階級政黨的獨立自主〔J〕，馬克思主義研究，2001，（4）。

52. 陳石慶，論「臺獨」的非法性〔J〕，湖湘論壇，2006，（4）。

53. 吳興洲，臺獨形式論〔J〕，商洛師範專科學校學報，2003，（4）。

54. 郭曉平，台灣文化協會與抗日民族解放運動〔J〕，文史雜誌，1989，（1）。

55. 葉紀東，我所認識的台灣共產黨領導人謝雪紅〔J〕，批判與再造，2005，（4）。

56. 周青，評〈謝雪紅評傳〉——別有用心的歪曲〔J〕，台灣研究，1994，（1）。

57. 王津平，台灣人心目中的世紀旗手〔J〕，統一論壇，1995，（2）。

58. 佟建寅，略論台灣近代工人運動〔J〕，中國勞動關係學院學報，1993，（2）。

59. 歐陽傑、曾曉梅，試析列寧闡發「民族自決權」原則的緣由及過程〔J〕，井岡山學院學報（哲學社會科學版），2006，（1）。

60. 陳國新，論列寧對馬克思主義民族和殖民地理論的貢獻〔J〕，玉溪師範高等專科學校學報，2000，（4）。

61. 蔣宗偉，日據時期台灣青年赴大陸求學探略〔J〕，台灣研究集刊，2007，（4）。

62. 劉麗君，日本對台灣的經濟掠奪及其後果〔J〕，閩江學院學報，2003，（6）。

63. 趙鐵鎖，日本對台灣的殖民統治簡論〔J〕，南開學報，1998，（2）。

## 二、外文文獻及譯文文獻

### （一）著　作

1. 〔日〕山邊健太郎，現代史資料 20：〈社會主義運動〉〔M〕，東京：みすず書房，1968 年。東京：みすず書房，1968 年。

2. 〔日〕山邊健太郎，現代史資料 21：〈台灣〉（一）〔M〕，東京：みすず書房，1971。

3. 四十三、山邊健太郎編，「現代史資料」，第 22 輯，《台灣Ⅱ》。〔日〕山邊健太郎，現代史資料 22：〈台灣〉（二）〔M〕，東京：みすず書房，1971。

4. 斯大林全集（第 2 卷）〔M〕，北京：人民出版社，1953。

5. 列寧全集（第 23 卷）〔M〕，北京：人民出版社，1990。

6. 列寧全集（第 25 卷）〔M〕，北京：人民出版社，1988。

7. 列寧全集（第 26 卷）〔M〕，北京：人民出版社，1988。

8. 列寧全集（第 27 卷）〔M〕，北京：人民出版社，1990。

9. 列寧全集（第 28 卷）〔M〕，北京：人民出版社，1990。

10. 列寧全集（第 31 卷）〔M〕，北京：人民出版社，1959。

11. 列寧全集（第 39 卷）〔M〕，北京：人民出版社，1986。

12. 〔日〕若林正丈，台灣抗日運動史研究〔M〕，東京：東京研文出版社，1983。

13. 〔日〕台灣總督府警務局，台灣社會運動史——文化運動〔M〕，臺北：創造出版社，1989。

14. 〔日〕台灣總督府警務局，台灣社會運動史——共產主義運動〔M〕，臺北：創造出版社，1989。

15. 〔日〕台灣總督府警務局,台灣社會運動史——無政府主義運動·民族革命運動〔M〕,臺北:創造出版社,1989。

16. 〔日〕台灣總督府警務局,台灣社會運動史——勞動運動·右翼運動〔M〕,臺北:創造出版社,1989。

17. 〔日〕矢內原忠雄著,周憲文譯,日本帝國主義下之台灣〔M〕,臺北:帕米爾書店,1985。

18. 〔日〕向山寬夫,日本統治下台灣民族運動史〔M〕,東京:中央經濟研究所,1987。

19. 〔日〕井出季和太著,郭輝譯,日據下之臺政(第一冊)〔M〕,臺北:海峽學術出版社,2003。

20. 〔日〕許世楷,日本統治下的台灣〔M〕,東京:東京大學出版會,1973。

21. 〔匈〕貝拉·庫恩,共產國際文件彙編(第一冊)〔Z〕,北京:生活、讀書、新知三聯書店,1956。

22. 〔日〕日本共產黨中央委員會,日本共產黨六十年(上冊)〔M〕,北京:人民出版社,1986。

23. 〔日〕淺田喬二,日本帝國主義下的民族革命運動〔M〕,東京:未來社,1978。

24. 〔日〕向山寬夫,日本統治下的台灣民族運動史〔M〕,東京:中央經濟研究所,1987。

25. 〔日〕市川正一著,田舍譯,日本共產黨鬥爭小史〔M〕,北京:世界知識社,1954。

26. 〔日〕喜安幸夫,日本統治台灣秘史〔M〕,臺北:武陵出版社,1983。

27. 〔日〕台灣總督官房調查課,台灣在籍漢民族鄉貫別調查〔R〕,臺北:台灣時報發行所,1928。

28. 〔日〕日本共產黨史資料委員會編,林放譯,共產國際關於日本問題方針、決議集〔Z〕,北京:世界知識出版社,1960。

29. 〔日〕伊藤幹彥,日治時代後期台灣政治思想之研究〔M〕,臺北:鴻儒堂出版社,2005。

30. 〔美〕盛岳著,奚博銓等譯·莫斯科中山大學和中國革命〔M〕·北京:東方出版社,2004。

31. 〔日〕東鄉實、伊藤四郎,台灣殖民發達史〔M〕,臺北:晃文館,1916。

32. 〔日〕風間丈吉,莫斯科共產大學的回憶〔Z〕·東京:三元社,1949。

33. 〔日〕宿利重一,兒玉源太郎〔M〕,東京:國際日本協會,1943。

34. 〔英〕珍妮·德格拉斯·共產國際文件(第一卷)〔Z〕·北京:世界知識出版社,1963。

35.〔英〕珍妮・德格拉斯・共產國際文件（第二卷）〔Z〕・北京：世界知識出版社，1964。

36.〔俄〕郭傑、白安娜著，李隨安、陳進盛譯，台灣共產主義運動與共產國際（1924～1932）研究・檔案〔M〕，臺北：中央研究院台灣史研究所出版，2010。

## （二）論　文

1.〔俄〕Belogurova, Anna（白安娜）. *The Taiwanese Communist Party and the Comintern* （1928～1931）〔D〕, 2002 年台灣政治大學碩士論文。

2.〔美〕弗朗克・S・T・蕭、勞倫斯・R・沙里文，台灣共產黨的政治歷史（1928～1931 年）〔J〕，台灣研究集刊，1986,（2）和（3）。

3.〔俄〕A・格里戈里耶夫著、范曉春譯、王福曾校，共產國際遠東局在中國的活動（1929～1931）〔J〕，中共黨史研究 1999,（6）。

4.〔日〕松井石根，台灣統治四十年的回顧〔J〕，東洋（特輯號），昭和 10 年。